情系張家界

——献给张家界建市30周年

梅兴保 著

团结出版社

图书在版编目（ＣＩＰ）数据

情系张家界 : 献给张家界建市 30 周年 / 梅兴保著
. — 北京 : 团结出版社，2018.10
　ISBN 978-7-5126-6692-4

　Ⅰ. ①情… Ⅱ. ①梅… Ⅲ. ①张家界市—地方史—史
料 Ⅳ. ①K296.43

　中国版本图书馆 CIP 数据核字 (2018) 第 232162 号

出　版：团结出版社
　　　（北京市东城区东皇城根南街 84 号　邮编：100006）
电　话：(010) 65228880　65244790
网　址：http://www.tjpress.com
E-mail：zb65244790@vip.163.com
经　销：全国新华书店
印　装：三河腾飞印务有限公司

开　本：170mm×240mm　　16 开
印　张：14.25
字　数：214 千字
版　次：2018 年 10 月　第 1 版
印　次：2018 年 10 月　第 1 次印刷

书　号：978-7-5126-6692-4
定　价：69.00 元

目录

作者 2017 年秋在黄石寨留影

张家界天子山景区风光

自 序

　　著名的张家界市，今年已建市 30 周年了。

　　这座以奇特的自然景观为特色，因现代旅游而兴起的国际旅游新城，从它的筹备到新建，从地域的确定到城市名称的变更，实在有太多的故事。有幸的是，本人曾参与该城市的筹备建设，并在第一届市委和市政府的领导班子中担任要职，虽然因工作调动而离开这里快 25 年了，但许多记忆挥之不去，有些人和事仿佛就在昨天。在张家界工作的时间，加上筹备阶段，总共五年半的时间，它给我留下的印象和情感，如同这里的奇特自然景观给摄影爱好者和美术家创作留下的印记那样深刻和久远，正如我有一次在北京张家界籍人士欢聚时发言讲的那样："张家界的话题是热门，张家界的电话是热线，张家界的景观挂厅堂，张家界来的客人都是亲人。"

　　去年深秋，我邀请并陪同中国人民大学的部分校友到张家界考察并游览。市领导讲到今年是张家界建市 30 周年并邀请我来参加有关活动，我当时答应，并说好要做些准备，有所表示才行。我说的有所表示，并不是从建设项目上支持，而是要将当年筹备和建市初期的情况记述并出版，作为一个当年岁月的亲历者和现在的老同志，送给建市30周年的一份礼物，而且特别奉献给当年的同事和为张家界的开发、建设、发展做出贡献的所有同志和朋友！

今年年初，中组部告知我，因年龄等原因不再提名担任全国政协委员。我是奔七十的人，很知足了，及时腾退了办公室，过完春节，便开始围绕张家界的人和事，酝酿如何从文字上理出逻辑思路进行记述。到张家界市政府驻京办事处，请赵清平主任和刘其湘等同志帮我收集有关资料，自己在家里也翻箱倒柜寻找当时的笔记、相册等。由于离开张家界的时间较长，加之这些年来调动了好几个工作单位、搬家多次，许多第一手资料都丢失了。我有一个很好的习惯，就是勤于动笔，每天的工作和发生的重要事情都记在笔记本上。我在省委政研室工作多年，知道资料档案的重要性，在调离张家界的时候，特地将自己五年多来所有笔记本，共有三十多本，用一个小纸箱装好，交代当时的市委办文档科负责人保管，以为这样会万无一失。可是，若干年后我托人查找，居然查找不到。好在自己记忆力很好，虽然年龄较大，当下发生的事容易忘却，但过去经历的事，印象深刻。今年四月二十八日下文件，组织上批准我正式退休。我便以此为动力，也以这一天为契机，将写作退休后的第一本书作为退休生活的开始。于是，我确定全书的框架以后，便一件事一件事地回忆，一字一句地撰写，闭门造车四个月，终于完成了书稿，这一写作强度，在我几十年职业生涯中很少见。

社会上关于张家界的著作很多，其中摄影、绘画等美术作品集和有关民俗风情、旅游方面的书籍不乏经典之作。我考虑的角度不一样，主要想通过自己经历的围绕张家界建市和开发建设的重要事件，回顾总结那段时期一大批优秀干部从省直机关和全省各地来到相对落后的大庸，舍小家为大家，无私奉献、艰苦奋斗，开荒斩草，筹备和新建一座崭新的地级市，讴歌整个群体的奉献和进取精神，讴歌大家共同力挺张家界。同时，还从这一侧面反映当时湖南省迎着改革开放的大潮，改革行政区划管理体制，化解各种矛盾和纠纷，发展旅游，扩大开放，加快湘西的开发和脱贫致富，从而促进全省的发展变化，树立起湖南改革开放的新形象。此外，还记述一些少数民族干部和农村少数民族群众勤奋、淳朴、好客的事例，颂扬民族团结和谐的新风尚。

本书大体按时间顺序展开,尽量在记述时间中讲一些故事,不讲套话和空洞的口号式的话语。我是学经济的,过去出版了多部专著,都是经济、金融类论文和演讲文稿,还有在全国政协履职的一些提案、调研报告。有些描写自己工作、生活的纪实性文章,也都是记者根据专题采访实录进行整理而成,自己进行纪实性书稿写作,还是头一次,难免文字青涩,我想,能把事件和故事讲清楚就行。

这是一本回忆类的著述,书中尝试运用倒叙和补记、穿插的一些写法,力求把当时的一些情况和事件的前因后果交代清楚,使读者了解当时决策的一些事项在后来直至今天有什么影响和积极意义;也便于使读者了解当时参与筹备和新建张家界的领导和相关人员,后来的人生轨迹怎样,乃至工作生活在什么地方等等。自己的记忆有限,手中第一手资料缺乏,查找资料也不方便,记述人物难免挂一漏万,许多感人的事件和优秀的同志没有写上或记述不全,请这些同志不必过于在意。我在记述同事的时候力求展现其主要优点和感人之处,不以我个人的喜厌和关系的亲疏为选用标准,而是力求展现当时参加筹备和新建地级市的整个群体的难能可贵的精神风貌,对少数很熟悉的领导和同事,着力写出他们的风骨来。通过亲身经历的人和事,通过对一些事件前因后果的描述,尽力总结出一些做人的道理,为人处世的方式方法,找到人生道路上的精神动力。

全书共分 10 章,从大的方面概括为四大块,第一部分即第一、二章,主要记述作者对张家界的粗浅认识和在湖南省委政研室工作期间多次来这里调研考察的所见所闻。初识张家界这一章,不去过多描写这里奇特的自然景观和旅游资源,这方面的著述多如牛毛,本人只着画龙点睛之笔,然后一带而过,着重描写这里风景区外围相对贫困的社会环境和淳朴的少数民族风情,烘托出大自然的鬼斧神工雕琢出的奇特风景,是由湘西少数民族的同胞养在深闺而迎着改革开放的大潮走出深山,走向世界的。第二章主要通过调研一些典型事件,反映张家界风景区在旅游开发初期阶段碰到的纠纷和不同行政管理辖区之间的利益之争,提出行政区划统一管理的呼声和建议,这里比较详细地记述了在省委的安排下,赵杰兵、肖征龙同志带领我等几位同志专门为筹建大庸地级市而做的一次调研考察。

　　第二部分即第三章、第四章，主要记述了筹备大庸地级市的全过程。其中比较详尽描写了省委常委会上决策调整有关行政区划、组建新的大庸市的有关情况，这里记述省委领导的活动多一点，时间已过去三十年，不涉及到什么秘密问题，当时自己作为工作人员参加了会议。这是大庸地级市新建的顶层设计，知道的人不多，当事人大多是领导干部，他们也无暇顾及。作者写出自己的亲身感受的这一重要决策过程，对后人尤其是对张家界市今后的领导者，该会有留存的价值。筹备建市的几个月异常清苦，各项工作千头万绪，大家夜以继日苦中有乐，我对这段经历的记述下了很多功夫，着墨很多，涉及的人物也很多，其团结奋斗、乐于奉献的精神是值得传承的，相信当事人和我有共同的感受，其他读者也会受到启示。

　　第三部分即第五至八章，共4个章节，主要记述新的大庸市成立，本人担任市委常委、常务副市长以后，在市委领导下协助市长工作的情况。这一部分所涉及时间的跨度有一届任期，即整整五年，经历的事情多，结识的人也多，还出省考察过，出国访问过。回忆起来像过电影一样，自己侧重旅游开发、市重点工程建设，陪同重要客人考察以及在农村基层蹲点等几个方面，选择若干个"特写镜头"来展现当时的情景。例如，从建设中的张家界机场发生的拆迁户闹事事件，如何锤炼年轻干部在现场处理复杂问题的能力；从接待日本客人的经历悟出旅游接待工作中规范管理的门道；从申报联合国自然遗产并全程陪同联合国官员现场考察，到最后获得联合国自然遗产称号，这一全过程的记述不仅是自己难得的经历，更彰显了风景名胜区保护的世界意义和责任担当。另外，这一部分还留出篇幅，结合自己几年分管全市旅游外事工作的实践，对如何管理风景名胜区和建设国际性旅游城市，进行了理论性概括；就农业经济、扶贫开发和防洪救灾等问题提出了若干政策建议。

　　本书第四部分即第九、十章，主要记述本人和有关同事离开张家界以后的人生轨迹，讲述了自己离开以后对张家界的牵挂。

　　当时参与筹备和新建大庸地级市的同志，老家在当地或籍贯是湘西自治州和常德市的，大都留下来继续战斗直至退休，工作多年以后调离张家界的只是少数。而从省直机关抽调来的同志，绝大多数只工作了两三年就回原单位了，我们几位进了市级领导班子，干满一届以后也就调回省直机关任相应职务，真正留在张家界干满两届及更多时间的，只有郭树人等个别同志。这些同志无论工作时间多长，在张家界这一段的经历都难能可贵，都对自己今后人生轨迹产生了重要影响，有的同志由此发生根本转折。本文记述了张家界给自己进步的平台和进京发展的机会，同时也选取多位同事，介绍了他们因张家界而进步、离开之后创造精彩人生的故事，这对后人应还有一定的励志效果。

离开后牵挂张家界，这是作者心中常态。除了平时有很多交往与张家界的朋友相关以外，几乎每年春节前在京的联欢、相聚，都与张家界的亲友和父母官见面，几十年从未间断。即使个别年份在聚会联欢的具体时间安排上与我个人的其他安排相冲突而未能及时赶到，张家界的同志们也一定特意将承载友情的土家织锦、葛粉、湘西土猪腊肉、岩耳等土特产送到我家中来，使我全家至为感动。本人自参加工作以来，在多个地方和单位工作过，自离开以后相互联系最多、情感最难以割舍的就是张家界。有了这份情感，想办法支持、帮助一下曾经培养并给了我厚爱的张家界，是应有之义、当然之责。文章后面记载了我的牵挂，介绍了几次回来参观考察后的感受，现在想来，给予张家界实实在在的支持帮助太小、太少了，心中愧疚。年岁老了，只好用心写好这本小册子再力挺一下张家界！

张家界风光秀丽，对有关她的著述，读者往往很关心书中有什么独特视角的照片和其他艺术作品。本书也穿插了若干与张家界有关的照片和书法作品。

我是个书法爱好者，从做小学生开始，写字工整，经常得到老师表扬，这使自己更加爱好写字，即使在玩耍时，也常用棍子、石头在地上划字。"文革"期间常被派去抄写大字报、抄标语，也少干了一些体力活。当时没有什么字帖，每看到报纸、画报上登了毛主席、郭沫若的毛笔字，就小心翼翼地剪下来，然后对照着练习。在中国人民大学读书时参加了学校组织的书画社，接触并初步学习到了正规的书法知识。后来，工作期间太忙，没工夫坐下来写字。担任企业主要负责人以后也偶尔为下属企业和分支机构题写企业名称，写上几句勉励的话。真正在书桌上并专门购买画案，捡起自己的爱好，习写书法，是从领导岗位退下来的近些年的事。现在经常练习，也参加书法讲座，几年下来，书法水平有明显提高，曾被中国画院聘为书法家，这也为我在有关场所挥毫壮了胆子，而且经常参加有关书法展览和书法公益活动，拍卖自己的书法作品为扶贫、助教活动筹集资金。本书收集插入的书法作品都与张家界有关，内容有老一辈革命家、老领导为张家界的题词，主要有自己对张家界抒怀创作诗词的书写，借以表达自己对张家界的热爱与颂扬。

书中的摄影照大多从自己保存多年的相册中取出并由李子瑶同志帮助扫描而成，去年留下的几幅照片由邱金利同学提供。考虑到本书主要记述二三十年前的人和事，插入照片主要烘托书中内容，不求美术效果，加之许多照片年久褪色，效果欠佳。本来，我年轻时当过电影放映员，专门学过摄影，对取景、用光、构图的层次性以及照相机的使用都大体了解。但是，自己总觉得摄影麻烦，后续加工费神费时，后来就没有去摆弄相机，尤其当时在张家界工作，碰上的大领导和影星、歌星、体育明星多，自己没有去抓拍，在风景区转的多，经常碰上云雾缭绕、彩虹耀目等难得看到的景观，自己也没想到摄影，艺术神经不敏感，真是不无遗憾。

本书能在今年出版作为张家界建市30周年的贺礼，要感谢张家界的老同事和新朋友。还要特别感谢夫人胡喜安，去年，我俩就掰着指头算还有多少天退休，届时一起到全国各地走走。没想到，正式退休以后在家里写有关张家界的书比以前更忙。我只好开玩笑说，今后拿着这本书到张家界当路条并蹭饭去！

感谢中国东方资产管理股份有限公司旗下的东方邦信融通控股股份有限公司的李子瑶同志协助我完成全部书稿的录入整理工作，深表感谢！张家界档案馆宋述秀女士提供了珍贵资料，乡友李天明帮助拍摄并制作了书法作品照片，团结出版社社长兼总编梁光玉同志帮助本书策划并给予指导，编辑周颐同志精心编校付出了艰辛，在此一并致谢！

张家界的风景名胜长期养在深闺人未识。在改革开放的初期，各路艺术家和文人墨客蜂拥而至，媒体也广为宣传，引来八方宾朋。于是，特书写这幅龙门对联，献给览胜俊杰和守护青山绿水的人们：

怡心山水处处催生诗书画，

揽胜俊杰时时念想善美真。

（书法1）

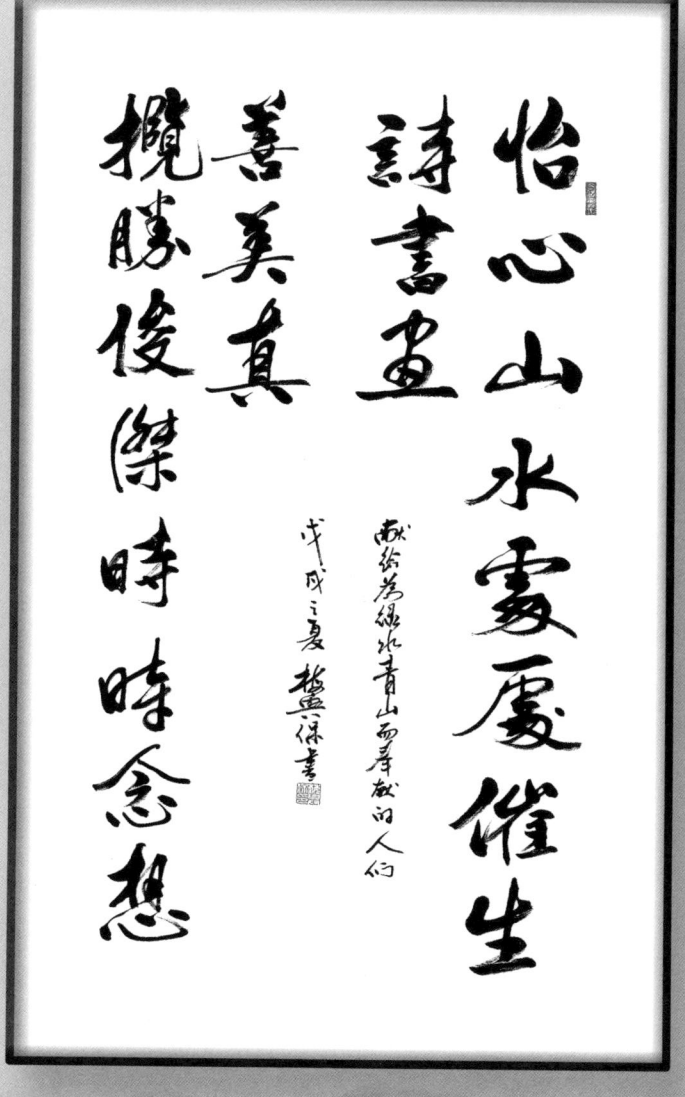

一　初识张家界

张家界即武陵源风景这一瑰宝，经大自然鬼斧神工打造后不知养在深闺多少年，其时间只能以地质年代来计算了。真正揭开它神秘的面纱，是20世纪七十年代末八十年代初改革开放的春风，让它给世人一个惊喜！

（一）

我是地地道道的湖南人，知道张家界的名字时已是30岁的人了。那时，我正在北京上大学，从新闻媒体和家乡来的亲友中得知：在湖南西北部发现了奇特景观——张家界。这里原来是湘西土家族苗族自治州下属大庸县的一个国有林场，原有的森林和部分人工林都很壮观。国门打开以后，香港同胞捷足先登，有一位香港的摄影大师叫陈复礼，来大陆后想到几个地方拍摄自然风景照片，经林业部门的逐级介绍，不畏路途遥远（从长沙坐汽车到大庸县有386公里，跨过湘、资、沅、澧四条河，要走二天），不顾山路崎岖（从大庸县上张家界林场没有公路，只有20多公里的山路和羊肠小道）来到张家界林场。陈先生在这人工林场和人迹罕至的原始森林与奇山异水间穿行跋涉后惊呆了：展现在面前的那不是一般的林业自然景观，而是世界级的大自然奇观。于是他住了下来，寻找最佳的拍摄地点。他上到半山拍摄金鞭岩时，发现这块从金鞭溪拔地而生，垂直挺拔300多米的巨型岩石，形如巨型宝剑直插云霄，一般拍摄固然可以，但如果有几只雄鹰在前面飞过时抓拍，那就意境不同了。这位大师选好位置，据说蹲守了几天（有人说一星期），终于等到两只雄鹰在相机前景中飞过，他抓住机会按下机关，形成了"神鹰护鞭"的摄影佳作。这一作品先后在香港和英国伦敦展出并获得大奖。这一作品连同后来的风光片，经过媒体推介后，对张家界的宣传，有如古时的《岳阳楼记》宣传岳阳，当年的《庐山恋》电影宣传庐山的效果。

此后，随着改革开放步伐的加快和第三产业的兴起，来往的人越来越多，张家界的名声也越来越大："黄龙洞""九天洞"以及"袁家界"等新景区也相继开发，张家界成了湖南一张靓丽新名片，是国人尤其是年轻人神往的地方，这也增强了我身为湖南人的自豪感，乃至于在大学毕业与同学分别时总带上一句话，欢迎来湖南，到时陪你游张家界。30多年来，我先后两次邀请大学同学有组织地畅游了张家界，那是后话。

1982 年 8 月，我从中国人民大学毕业并分配到湖南省委政策研究室工作，从而有了许多机会实地游览并研究张家界，对张家界的认识有了新的飞跃。

在湖南省直机关工作过的人大都有过这样的经历，就是经常陪上级领导和兄弟单位的客人去湘西调研并顺便游览考察张家界。我在省委政策研究室工作 6 年，就有多次这样的机会。

（二）

首次来张家界，是 1985 年秋天陪同中央书记处研究室路易局长和张晓林同志一行，张晓林后来调到《求是》杂志工作，不断进步，官至总编辑。他们主要考察研究民族地区的有关政策和文化建设，这次令我印象最深的除了奇特优美的景观和石英砂岩峰林地貌以外，就是这里的民风淳朴。

那天上午，我们一行包括湘西自治州政研室以及桑植县里的同志共有 10 多个人，分乘三辆吉普车从贺龙元帅的家乡——桑植县城出发上张家界的天子山风景区考察。道路坑坑洼洼，弯弯曲曲，上下坡度也不小。当我们刚走过瑞塔铺镇政府，就在一个上坡拐弯处，第一辆车撞上了迎面骑自行车下坡而来的一个小伙子。肇事车停在路中间，小伙子连人带车摔在路边沟里。我们赶紧都下车查看，只见自行车已变形损坏，小伙子躺在地上，口里、脸上鲜血流出。中央书记处研究室的路局长下车见状吓坏了，赶紧拉我走到县里陪同的同志跟前说："快回县城吧，不上天子山了！"我说，先不着急，看看这小伙子伤势怎么样。县里的同志把小伙子扶正，坐好，用纸擦去他脸上的血，并让他把口里的血吐掉。小伙子连吐几口，感觉只是外伤，大家上前扶他细看，主要是牙齿磕破了嘴唇出的血，衣服袖子被撕破了，小伙子伸了一下胳膊，身体似无大碍。县里的同志想带他去乡里的卫生院上药。小伙子看到我们多辆小车，10 多个人的干部队伍，憨厚地说："你们还有事，你们走吧，只是我这自行车是借的……"连要赔这辆自行车的话都没有说出口。县里陪同的同志连连答应帮助修好这辆自行车而且马上给当地乡政府打好招呼，并给了 20 元钱让他去医院处理好伤口，大伙帮他拍掉身上的泥土，然后上车继续我们的行程。从汽车后视镜看到，小伙子扛起摔坏了的自行车，看了我们车队一眼，在看热闹的乡邻们凑拥、帮助下去乡政府所在地修理被我们撞坏的自行车去了。

作者初到张家界时，在风景区骑马留影

在去天子山的路上，大家的心里都很不平静，幸好我们的车是转弯上坡、车速不快，否则后果会很严重。大家联想到许多地方发生的交通事故，处理起来非常麻烦，常常是小事被放大，有人借机敲诈，弄得当事人疲惫不堪。而这次碰上桑植县的小伙子，让我们都心里不安，至今都觉得对不起他。

（三）

陪客人来张家界，待的时间有限。当时风景区的管理也不够规范，游玩路上可以骑马行走，本人利用陪同客人的机会留下了一幅骑马照片。陪同客人到风景区参观，往往重走景观路，深入了解风土人情有限。有幸的是，我在省委研究室工作的六年间，曾两次到张家界农村调研，对这里贫困的状况和当地干部群众渴望改变面貌的追求有深入的接触和了解。

1986年，湖南省委要在湘西召开全省扶贫工作会议。年初，省委研究室主任李达才、副主任杨彬带着我和章彦武（后来任副主任）到张家界调研，这两位主任是我非常敬重的老领导，他们的从政经验和政策研究的方法和水平，使我终身受益。尤其李达才主任，思路敏捷，研究问题立意高，提出的政策措施符合中央精神，又结合湖南实际，深受时任湖南省委书记的毛致用同志的信任。毛致用书记多次对省委研究室的同志讲过："所有材料和文件稿子，只要经过李达才同志修改通过了，我这里也就基本通过了"。李达才主任到地方基层调研，除了一般的听汇报、记数字以外，非常乐意听陪同的人讲故事，即切合调研主题的故事，不是有些人喜欢听的"讲黄段子"。

大家都知道，大庸市是1988年5月经国务院批复同意由湘西土家族苗族自治州的大庸县、桑植县和常德市的慈利县划转过来统一而成为地级市，属武陵山区，比较偏僻。1994年4月4日，国务院发文批准大庸市更名为张家界市，来这里调研，少不了坐车、听故事，即坐在车上听陪同人员讲故事。我们是调研贫困问题，陪同我们的湘西自治州政研室的同志娓娓道来。有的故事令人吃惊：一个居住在偏远山区的孕妇临产时痛不欲生，离医院又有几十里山路，痛苦至极无助时，恳求丈夫用普通剥棕尖刀剖腹接生，结果当然是悲剧。有的故事带有普遍性：一些贫困户当时穷得家徒四壁，茅草房四面通风，屋里柜子、米桶、水缸等都是空的，唯有粪缸、尿桶是满的，房屋周围面积很大，也没有猪圈、鸡笼，禽兽和人到晚上就在一起休息，这也说明该户主很懒。我听后，结合在其他贫困地区调研写了一首打油诗，描述这种状况：

> 武陵深山农民穷，
>
> 树枝柴草搭窝棚。
>
> 白天人畜共餐桌，
>
> 晚上窝棚又相逢。

还有的故事让我们听后哭笑不得。湘西大山深处桑植县西莲乡中学有两百多个学生。深山之中地无三尺平，就连焦柳铁路经过古丈县城时，古丈火车站就建在隧洞里面，因为找不到一块平地。这所学校也就建在一座大山的半山腰。一天上午上学，校长在县城开会回来，带了一个新篮球。由于学校没有篮球场，根本没有地方建球场，也没有篮球架。校长把篮球拿出来给学生玩，让大家摸一摸，互相传一传球，这些学生当时大都没见过篮球，见到球很兴奋，互相传起来。突然，一个力气大一点的男孩拿到球后用力一扔，别的小孩没有接住，球顺势滚下山沟。半山腰的学校离山沟的垂直高度有七八百米，走路就好几公里，人走下去再爬上来，至少得一个多小时。老师和学生一时傻眼了，校长出来见刚拿回来的新篮球丢了很可惜，便宣布：老师带着学生下山沟去寻找，找回篮球再上课。结果找到了中午时分也没找到，有的学生说，可能让沟里的溪流冲到下游去了。寻球不到、空手而回的学生精疲力竭地返回学校，大家抱头哭了一场，校长宣布："放学！"然后回到办公室也流下了眼泪。是啊，篮球这个东西本来可以给师生健身快乐，却因为学校场地狭小且位于半山之中而酿成苦闷之事，谁人不伤感呢？

此后不久，农村尤其是贫困地区的教育状况逐步改观，山区的交通条件也大为改善，再也不会出现这种篮球滚到山沟里找不见的情况了。由此我常想到在深山老林中生活学习的另外一种优势，即好养容颜、好练嗓门。我国著名的女歌唱家宋祖英、男高音歌唱家何济光，都是从湘西的大山深处走出来的。在这样清新的大山中，邻里乡村之间虽隔山沟相望、相闻，但串起门来却要走很长的路程，于是人们经常以大声呼唤来交流，民风淳朴，加之空气好，久而久之，嗓门就练出来了，像湘西这样的地方走出大歌唱家，以及养育出沈从文、黄永玉这样的著名文学家、美术大师，也就不足为奇了。

（四）

初识张家界的几年，无论是陪客人来考察旅游，还是自己来调查研究，最明显、最直观的感受主要有两点：一是风景区景观优美，享誉海内外，有些自我陶醉、天下无双的自豪感。当时的国际奥运会副主席何振梁先生来张家界考察，沿途赞不绝口，时不时地拉着我们陪同人员留影。1988

何振梁先生（右3）与肖征龙市长（右4）和作者（右2）等合影

年6月2日，时任全国政协副主席的谷牧考察张家界后称："无处不是景，无景不绝佳，武陵源风景区是国宝，关键要建设好、保护好，拿出一个长远的高水平的规划。"并题词："无限秀美张家界，异峰怪石最神奇。"就连时任国家旅游局局长的刘毅同志来此考察以后，也情不自禁地写下"桂林山水甲天下，武陵妙峰天下甲"的赞美诗句，把发现、开发不到10年的张家界与早已享誉世界的桂林山水景观平起平坐了。时任全国政协副主席程思远的题词更直白："人生不到张家界，百岁岂能称老翁。"二是风景区外围甚至离旅游核心景区不到10公里的乡村乃至从张家界、慈利县火车站到风景区的道路两边，就能直观地看到、感受到当时这里农村落后、农民很穷，基础设施和接待条件非常落后和简陋，游客来旅游一次，仅路上折腾，特别是碰上雨天，真是苦不堪言。慈利县旅游局的同志讲了一个令他们自己都不好意思讲的故事。

　　1985年秋的一天，一个40多人的日本旅游团乘坐大巴从长沙来张家界旅游，到达慈利县索溪镇附近时已是下午5点钟左右，这里离张家界的索溪峪风景区只有 3 公里了。大巴在靠山边的公路上停下，司机去管理站交汽车通行费。车门一打开，几位日本女游客急忙下来，到路边一破旧民房边瞧了一眼，然后拐弯到屋后像到处在寻找什么，又忽而手拉手往山上爬。懂日语的导游在车上，没有发现往山上跑的人。路边的行人也不知道发生了什么事，拼命喊："不能往山上去，那里危险！"当地一个男同志便追了上去。女游客看到后面有男士追，便跑得更快，一位女士想蹲下，这时下车的日本男游客大声讲了一句："拉稀拉稀的。"追上去的男同志恍然大悟：她们是在找地方方便。原来，这些日本游客在车上待了半天，内急了，车门一开便下来，当看到路边肮脏的厕所臭气熏天，蛹虫遍地，吓得尖叫，转过身来，顾不了什么，便结伴往山上寻找如厕之地。这便发生了前面一幕。不用猜，这批日本游客一定会把他们在去往张家界路上如厕的经历编成笑料流传。当时，张家界的接待条件确实很差，游客上厕所是一个普遍反映不满意的问题，据说全国其他旅游风景区也有类似情况。后来，也就是 20 世纪 90 年代初，时任国家旅游局副局长的何光伟同志工作扎实，主持召开过一次全国旅游厕所工作会议，这件事确实抓到了点子上。我们现在的习近平总书记对国情和民生问题洞察秋毫，去年曾对旅游部门推出建设文明规范的厕所工作做了重要批示。厕所是民生大事，更是旅游区建设的大事，我初识张家界，就感受到了这件看起来很平常的事。作为张家界的人，她们面对要接待日益增加的游客，摆在面前的基础条件和接待设备又如此落后，他们当时压力有多大啊！尽快筹钱搞建设，改善张家界的基础设施和接待条件，同时帮助当地贫困农民脱贫，这是摆在当时这里干部群众面前的两大战略任务。20 世纪 80 年代乃至 90 年代，我们国家经济实力还不强，经济体制正在艰难转型，市场经济正在逐步形成过程中，湖南当时还是农业大省，财政实力较差。因此，旅游区的建设尤其是像张家界这个位于老、少、边、穷地区的旅游区，其基础设施和接待条件的改善，主要靠政府部门的拨款和以工代赈等优惠政策的扶植。虽然有少量外资主要是香港资本对张家界有浓厚兴趣，但它们关心和偏爱的是索道和接待酒店设施。1988 年放开台湾同胞来大陆探亲旅游之后的台湾资本，其关注热点和重点与香港资本类似，基础设施建设和扶贫开发必须靠内资，本市没有财力就千方百计找上级政府及有关部门。

（五）

当时的大庸、桑植、慈利三个县的领导班子对上述认识十分清醒，都安排有开拓精神和实干能力、又能说会道的干部分管接待和旅游，并分别在张家界国家森林公园、天子山、索溪峪三个风景区设立接待和管理机构。慈利县管辖的索溪峪风景区管理处主任卓志初同志，是典型的实干家和得力的鼓动宣传工作者，他学历不高，但非常善于用自己的话和干部群众喜闻乐见的故事来宣传风景区，打动上级来这里考察的领导和专家。索溪峪地处整个张家界景区水系的下游，每遇暴风雨，便引起山洪暴发，索溪河上桥梁被冲断，景区里面道路损毁严重，因而极其希望水利部的领导来这里察看并给予支持。时任水利部部长的杨振环同志有一次来到这里，刚落座，卓志初同志便迎上前去，几句顺口溜似的欢迎词引得杨部长和随行人员眉开眼笑。

武陵源风景好，大雨来了不得了。

我们盼星星，盼月亮，

终于盼来了水利部杨部长……

杨部长回去了，以后又有林业部的高德占部长来了，卓志初同志又迎上前去，将原有的顺口溜改动几个字，换上高部长，同样引来一阵欢笑。这样愉快轻松的氛围往往会顺利自然地引入到汇报，请求解决困难的正经事儿，而且会收到好效果，有时是令人意想不到的好效果。也就是说，当地同志预期这次接待的领导支持 200 万资金，结果高出这个数字很多。后来，地方也有了经验：一个国家部门的领导乃至司局长、处长，正儿八经出差到一个地方去，尤其是到贫困落后地方去，事先一般都作了安排，即使在现场听汇报后表态含糊甚至只讲到原则，回到北京后往往会有具体的项目支持和款项拨付下来。

三个县尤其是风景区负责接待的同志，语言表达能力很强，待人热情周到，一般还有好酒量、好歌喉，因为要接待并陪人喝酒，在景点休息时还能应客人要求随时唱出土家族等少数民族歌曲。从事接待的同志乃至导游小女孩经常被上级或香港、澳门来的客人看中而挖走了。没关系，这类人才很快就地产出。真正能通过接待打动上面来的客人而为张家界的开发建设引来资金和项目，这类人才难得，有的干部在接待中受到客人的表扬并当场得到资金支持的承诺，就更难得了。当时大庸县即现在张家界市的永定区就有这样的接待干部而经常被县里领导挂在嘴上表扬。

大庸县委、县政府设有专门从事接待工作的机构即接待办（后改为接待处），县接待办也就几个编制，正式员工少，遇有重要接待任务时就从县直机关或学校等单位抽干部来帮助接待。一次，听说上面财政部门一位掌握实权的处长要来张家界，县里很高兴，当然也非常重视，知道这位处长大人是女同志以后，县接待办经县领导同意，特地从县计划生育委员会抽调一位有接待经验的中年女干部覃大姐来全程陪同。从长沙到大庸县有 386 公里路程，那时没有高速公路，客人驾临，一般都是晚饭前后。县里主要领导为其接风洗尘之后便把覃大姐介绍给了这位处长。覃大姐见到这位处长就像见到久别重逢的亲人一样，挽着客人的胳膊扶着比自己年龄还小的处长进了客房，泡上茶并且嘴上不停地介绍这、介绍那，随后又备好洗脚水让客人泡脚、消除疲劳。洗完脚后，覃大姐还要陪她散步，只是这一天路途颠簸劳累的客人要休息才作罢。

第二天，客人刚起床，覃大姐就站在客房门前并准备敲门进屋侍候。客人正开门出去呼吸大山里的新鲜空气，与覃大姐在门口撞见，从这时起，覃大姐就形影不离这位处长。白天在风景区浏览，话多一点，相互都还过得去，尤其是游路狭窄、湿滑处照顾好客人，使之非常感动。游玩了一天回到酒店，覃大姐比头一天显得更加服务周到，在客人房间忙个不停，打洗脚水等等。客人洗澡并催覃大姐回家休息，覃大姐就站在门外等候。客人刚洗完澡，覃大姐就进门来硬要帮她洗衣服。这时候，客人有点不适应也不耐烦，批评着让大姐回家休息。覃大姐不肯走，担心陪不好，怕县里领导批评。这位处长心里明白了，耐着性子对覃大姐说："我在单位就只有 50 万的权限，告诉你们领导吧，从张家界回去以后我就办手续把这 50 万拨下来给你们县。你回去休息吧，也让我清净一点，好好休息一下，我还要给家里打个电话。"覃大姐这才回家，完成了她一天的陪客任务，当然，第二天还会继续陪同直至把客人送走。果然，这位处长回单位不久，大庸县财政就收到了这笔 50 万元的款项，至于这笔资金是以什么名目拨付下来，就不细说了。

张家界辖区原来的三个县，一年接待客人包括上级领导机关的同志非常多，真正像覃大姐这样通过接待能立竿见效的毕竟极为少见。张家界的人热情好客，也健谈，给来这里的各层人士尤其是给新闻媒体的朋友留下深刻的好印象。

敬有权，一位敦实、厚道的中年人，当时任桑植县天子山管理处的主要负责人。他的书读得好，肚子里装的知识不少。虽工作在天子山，但天南海北的事，尤其对民族宗教问题，都能说得头头是道。桑植县地处整个张家界市的西北部，地势高一些，天子山也就位于张家界风景区的西北部。在这里看景主要是从西往东或从北往南看，而且居高临下，视觉景观效果很好，一些代表张家界风景的招牌照片，如御笔峰景观、仙女撒花景观，就是从天子山拍摄的。当时这里的劣势是交通条件较差，而且住宿接待条件更差，不适应大批游客涌来。敬有权明白这点，就在宣传上做足文章，对游客精准营销，吸引各地尤其是在北京的艺术工作者、摄影爱好者及各类传媒的记者朋友多来天子山。中央电视台专栏记者敬一丹，当时已经走红，所主持的节目深受观众欢迎。敬有权不仅请上她，而且凭着两人同姓而结成忘年交，敬一丹这个大忙人、央视名记者，硬是被敬有权多次请到天子山，当然也到了张家界的其他景区帮助做宣传，影响很大。许多美术和摄影工作者在这里创作以后，经常在北京、上海、广州乃至香港、新加坡等地展览，既展示了自己的艺术作品，又成了天子山和整个张家界的高级宣传推销员。

（六）

包括天子山、索溪峪在内的整个张家界风景区，在 20 世纪 80 年代每年接待的游客都在增加，建地级市之前大约一年接待的国内游客已超过 100 万人次、海外游客 10 多万人次，上级各部门包括党政群机关和学校、医院、科研单位来检查指导并顺便旅游的客人也很多，地方三个县的同志应接不暇。而这里三个县当时总人口大约 140 万，其中相当一部分仍处于贫困状况，尤其在桑植县很多地方处于极度贫困状态。对外要招商引客引资，开发提升旅游区，对上要小心接待侍候各路来的重要客人，对内要以扶贫为重点抓好"三农"工作，最忙的是三个县的县委书记。那段时期我在湖南省委政策研究室任副处长、处长，陪来的客人，有的和尚虽小，但庙很大，有的身份显赫，即使没有项目资金带来，县里也不敢怠慢。我自己来这里调研，其主题也往往与省委当前的重点工作部署有关，而且调研材料可以直通省里领导。所以我每次来这里，无论是陪客人来，还是自个来调研或开会，都会受到三个县委书记的接待和陪同，这三个县的一把手都给我留下了深刻的好印象。

初识慈利县委书记宁望林是在1988年的4月。当时省政府在慈利县召开全省春耕生产现场会，卓康宁副省长主持这次会议。卓副省长本人就是慈利县人，到这里开现场会，主要是当地春耕生产工作抓得好，育秧有看头，小麦、油菜长势喜人，一派欣欣向荣的景象。当然，也不排除省里领导有借机宣传、帮扶一下自己家乡的意思。根据现场会的安排，省长熊清泉要来慈利调研并到会讲话，我就是作为熊清泉省长的随员来到慈利并认识了宁望林书记。

本来，省长到省内基层调研和参加现场会并讲话，一般都由省政府办公厅安排包括文字材料服务在内的各项服务，这次却另外通知了省委政策研究室派一位处长随行，我便成了省长去慈利县指导工作的随员。当时政治生态都很健康，也没有人去打听、去多问一下：为什么省长出差要从省委政研室派人，为什么政研室主任、副主任又不来，只派一位处长呢？后来没过多久，中央决定熊清泉接替毛致用，担任了湖南省委书记。是不是他对我特别关照，大家去猜吧。省长那次下基层，破例让省委政研室一位处长随行并帮助作点文字工作，绝不是心血来潮，应该是有所考虑的。

宁望林书记高挑身材，目光炯炯有神，向熊清泉汇报工作很利索，尤其是全县的各项工作抓得好，春耕生产很主动，深得省长好评。省长的秘书徐联初特地将我介绍给了宁书记。宁望林陪省长来到田间地边察看，不时还和走在后面的我打招呼，并要求县里的同志陪好我，让我多了解情况。我考虑到写材料的需求，往往比省长想得更细并拿着小本子不断做记录。当省长在全省现场会上举例子表扬慈利县春耕生产抓得扎实时，特意讲到省委政研室的同志在田间帮助算了农田的投入成本和预计的收成，给与会同志很深的印象，会后，宁望林书记特地和我紧紧握手并邀请我找机会来进行调研，到县里其他地方包括风景区多转转。真是"山不转路转，路不转水转，水不转云在转，云不转人会转"，认识不到一年以后，我和宁望林同志成为同事，一起在张家界市（当时叫大庸地级市）领导班子中共事。

初识桑植县委书记向万隆同志前文已经提到，我曾陪同中共中央书记处研究室路局长一行来桑植调研考察。向万隆书记是土家族人中涌现出来的一位优秀领导干部，见人总是面带笑容、和蔼可亲，眉宇间让人感受到少数民族能人的一种风骨。他说话、介绍情况声音洪亮、有板有眼，总结汇报工作有一套自己的语言和概括能力。其讲话的神态、语调很像当时的湘西自治州州委书记、后调任湖南省省长、省委书记的杨正午同志。说起杨正午同志，他在湘西自治州和省委领导岗位上担任主要领导多年，深受全省尤其是湘西人民爱戴和敬重。他在湘西工作期间教育、培养了大批少数民族干部和各族年轻干部，包括后来调到了中组部的欧阳淞同志。无疑向万隆书记也是受杨正午同志培养、重用的少数民族领导干部。向万隆同志的汇报得到中央书记处研究室路局长的高度评价。除了宴请陪同和工作汇报之外，向万隆同志就不亲自陪同客人上天子山等地考察浏览，而安排县里其他有关负责同志，一般由县人大或县政协的一位县级领导和政府有关部门的负责同志陪同并沿途补充汇报。这种安排很得体，来调研的同志包括我这个省里陪下来的人都觉得合适，因为地方主要负责人陪同，我们都感觉不自在。

大庸县（曾改为大庸县级市）委书记刘国基，我们见面的次数较多。由于张家界国家森林公园位于大庸县内，这里风景点多而集中，县城有火车站。在城里就能看到雄伟奇特的天门洞景观，加之这里接待条件相对好些，所以无论陪同客人还是自个来湘西调研，每次都来了大庸，也就较早认识了刘国基书记。1986 年夏天，国务院扶贫办在山西省忻州召开扶贫政策研讨会，他作为贫困地区县委书记的代表在会上发言，不仅介绍了湘西扶贫的情况，而且着实把张家界旅游景观特色和线路在会上推销了一番，引起了与会者浓厚的兴趣，也让中央有关部门和各省参加会议的同志对这位来自贫困地区很精明能干的县委书记刮目相看。我作为湖南省委政研室的处长，当年就扶贫问题撰写过《帮助贫困地区改变面貌的政策思考》一文并发表在中央主要媒体杂志上，所以也应邀到忻州参加了这次会议，会后我与刘国基书记同坐火车返程，一路上家事、国事、天下事，聊得投机和开心。

刘国基同志戴副眼镜，身材也很好，待人和气、热情，看上去就像一个有知识、很聪明也很会来事的县委书记。他为张家界的旅游开发和风景区建设做了大量卓有成效的工作。他在县委书记的岗位上与张金华等同志配合，带出了一个较好的班子，而且培养出了像张启尧、谢凤林、周绍明、任朝东、杨和平等优秀的年轻干部，这些同志后来都先后进入张家界市委、市政府的领导班子，在张家界建市初期做出了令后人称道的业绩。刘国基书记曾被省委任命为张家界地级市筹备组成员，本来可以在更大、更宽广的平台上发挥作用，但后来过早离开了张家界，也留了点故事，让后人评说。不管怎么说，作为老朋友，我一直记着他。

过去来张家界调研考察，后又在市政府工作，虽有工作激情，但无诗意。2008年重游此地，写了几句顺口溜，今年将"二十"改为"三十"，重新书写一遍。

胜景民情再现，山奇水奇洞奇。

二十年前故地，游客说东道西。

今日感受巨变，欲寻陈迹都迷。

赞叹世界遗产，颂我魅力湘西。

二 建市之前的无序旅游开发
和有序调研考察

20 世纪 80 年代，张家界成为湖南省的新名片，也成为全国风景名胜区的一朵奇葩，游客多了，上级来的领导多了，矛盾和问题、纠纷也多起来了。主要问题是：风景区山水相连，是一个整体，而按行政区划却分别由湘西自治州的大庸、桑植两县以及常德地区的慈利县管辖。管理体制上三家归一的问题就在上级领导机关逐步酝酿中。由于这个问题涉及到地区、部门权力、利益的调整，涉及到干部切身利益和少数民族问题，而且要在省里统一认识并形成决定后送国家民政部门报国务院审批，这个过程对于张家界这块天天发生矛盾和纠纷的风水宝地来说，又是何等地漫长啊！

（一）

面对当时蜂拥而至的旅游热潮、风景区私搭乱建以及接待不到位的状况，时任省长的陈邦柱同志批评这里是"一片繁荣，一片混乱"，这种状况与美丽的风景太不相称了。

一个风景名胜区要有统一的对外宣传口径，使游客有一个清晰的整体印象，当时这里可不是这样。三个地方的宣传材料往往都只突出自己，嘴巴上还在客人面前贬低另外两个地方的景观。从大庸城区来张家界的游客，常常听到当地导游宣传：景区主要在张家界国家森林公园，山有黄石寨，水有金鞭溪，在这里多住几天，天天看的不一样。从慈利来索溪峪的游客，常常听到当地导游宣传：张家界有金鞭溪，索溪峪有十里画廊，我们上山看西海，就是看的张家界，而且附近有宝峰湖，地下黄龙洞，在我们这里多住几天会流连忘返。从桑植县上天子山的游客，会听到当地导游绘声绘色地宣传：天子山是古时向王天子来过的地方，这里地势高，看风景居高临下，张家界森林公园和索溪峪的西海尽收眼底。这里看到的御笔峰，仙女撒花景观，在别的地方是看不到的。客人住在天子山，如同神仙过日子。许多客人一连待几天，游览完了张家界森林公园、索溪峪和天子山，都有这样的感觉，三个地方各有特点，不可替代，游客如有足够的时间，三个地方都应游览，这就对张家界风光有了一个整体的观察和了解。

对旅游区尤其是对旅游线路宣传的片面性，往往误导游客，引起游客的意见和不满。我在张家界工作时，听到常来这里旅游的新加坡友人陈先生讲了他初次来游的一段不愉快的经历，就与宣传旅游线路不当有关，那时，三个县还属湘西自治州和常德市管辖。他带几个新加坡客人刚到长沙，常德市旅游接待部门的人员捷足先登，引导他们先经慈利县去索溪峪景区游览，并介绍说景区风光大同小异，游览完后原路返回常德，然后改乘轮船，晚上上船，经过洞庭湖，第二天早上到岳阳上船，游完岳阳楼后，晚上又可乘火车回长沙或广州。陈先生一行没有去过岳阳楼，都想去。于是，游完索溪峪后没有继续去张家界或天子山，而且节省时间赶回常德坐船。这种内河的客船就百十吨载重能力，设备简陋，客人刚到船上就面带难色，多有不悦，不过还凑合，好歹有客铺可睡觉，而且常德市里上来的客人大多是普通干部，人员不杂。下午六点多开船，走不了多久，沿途停靠，不高兴乃至烦心的事就来了。由于这条航线主要是方便湖区的老百姓和下基层的干部，老百姓主要坐船到安乡、岳阳等地贩卖猪、鸡、鸭、鹅以及鱼虾等农牧水产品，船停靠几个地方以后，猪、鸡、鸭等鲜活畜禽越来越多，虽然这些畜禽都用篮筐装起来并挤在下层船舱里，但叫声、农民的喧闹声吵得船上人一般睡不着。尤其是臭气熏天，一般坐办公室的干部都受不了，这些来自美丽国土新加坡的白领客人就更难受了。在洞庭湖船上，他们投诉也无门，只好坐起来走到通风处用手捂鼻。折腾一晚第二天早晨到岳阳后，陈先生游岳阳楼已没得雅兴了，找到电话（当时没有移动手持电话）就向旅游部门投诉：你们不仅是误导宣传、让我们难受，而且把我们不当人，而当成猪娃子卖了一路。常德市乃至省里旅游部门的同志不断用电话和书信道歉，后来在有关部门的干预下，从常德至岳阳的水运航线不再列为旅游线路。随着洞庭湖区高等级公路的建成，轮船客运在这里已成为历史，现在，只有运送货物的船只在洞庭湖及其湘江、资江、沅江和澧水上穿梭而行。

（二）

包括张家界国家森林公园、天子山、索溪峪在内的武陵源风景区，连同下辖的四个乡镇在内，其面积有 522 平方公里，其中风景区 369 平方公里，石英砂岩峰林有 265 平方公里，广布石峰 3103 座，似刀劈爷削，千姿百态，连绵成片，雄奇壮丽。著名地质学家陈国达院士将其称为"武陵源峰林峡谷地貌"。在两个州市分别管辖的情况下，门票站点的设置就非常零乱，不仅设点随机，而且门票价格也各不相同。客人游览整个风景区至少要买三次门票，而且还不能原路返回。有意思的是，由于风景区过去人迹罕至，而且地处深山，沟壑纵横，其行政区划的边界不明显，据说最早是三个县的主要负责人相约在一起，互相用手指划一下，既不丈量，也不定桩立柱，边界就这么定了。改革开放之前，三个县在各自地盘都建有林场，大家相安无事，相邻和睦。改革开放以后成为旅游景点，设个门票站每天都有收入了，于是，游客所到之处，收费点就设到那里，而且两家成了竞争抢客的对手，有的门票站居然设在半山腰。普通游客都好说，反正到了一个不属于自己的地盘，就被导游交给另一个地盘的导游即可，只是增加一次门票费用。陪同上级来的客人，看到此情此景，就真有点不好意思了。客人到了另一个行政区划所在地，有时带着行李在山中边界处交接，被戏称为"交瘫子"。

"交瘫子"或称"送瘫子"，是我们湖南农村对村与村之间送接孤寡瘫痪老人的称号。中华人民共和国成立前乃至中华人民共和国成立后的一段时期，农村没有建立对"五保户"的照顾制度，有的村里个别孤独老人在行动不便以后，村子里就用木头打造一个小木屋，外形像娇子。这个小木屋里住着衣食无着落的老人，定期被村里人抬着送到另一个临近村庄，放置一段时间以后又送至另一个地方，这就是"送瘫子"或称"交瘫子"。20 世纪 80 年代，在行政体制上相互分割的风景区，即张家界森林公园、索溪峪、天子山之间，交接上面来的客人，尤其是带着行李的客人活像"送瘫子"。

当时在这三个相互联系的风景区内，虽然山水相通，但通信条件很差，道路也差，有的简易公路只修通到边界，到另一边就要买门票，而且往往步行涉水或爬山才能过去，让客人久等甚至联系脱节就很难避免。张家界宾馆的万总经理讲到的接待一位老干部的事情使我印象深刻。一次，湖北省一位享受副省级待遇的老干部在慈利县那边的风景区参观后被当地陪同的同志送到了张家界国家森林公园，而大庸这边迎接的负责同志还在路上往这儿赶，这位老干部下车以后见没有人迎接，到酒店大堂就嚷起来说："老革命没人管啦，你们负责人呢？"这时，宾馆万总经理走出来并不知道县里接待的领导还在路上，马上灵机一动说："老领导，我就是市里负责接待您的负责人，您别生气！"这时，老同志见有当地同志接待，火气才消停下来。这种情况虽然是少数，但毕竟发生过。为了防止接待脱节，当地政府都口头封一些"官衔"给几个主要宾馆的总经理，有的叫县"助理"，有的叫县"接待主任"等等。

（三）

三个县对风景区各自为政实施管理，造成矛盾纠纷不断，县里领导、地州领导常常在一起协调，有时不欢而散。有的项目布点也令省里领导很为难，张家界机场的选址，当初大庸与慈利县在各自州市政府的支持下，据理力争，互不相让，形成内耗。

张家界风景区离大城市长沙有近400公里，与常德市也相距200多公里，要在这里发展旅游特别是发展国际旅游，必须修建机场，这是各地各方面的共识。但是，机场究竟选址在什么地方？湘西自治州和常德市两边的意见不仅不统一，而且针锋相对。湘西支持大庸选址在离市区不远的平丘区，常德市支持慈利县，要把机场选址在离县城10多公里的澧水河边的柳林铺乡镇。

机场选址，程序复杂，标准严格。桑植县山多平地少，不具备建机场的条件，但他们离大庸地区比较近，肯定支持选址大庸。慈利县当时归属常德市，经济基础较好。于是，大庸和慈利两个县展开了争机场的竞赛。当时环保的要求不太严格，于是直接与定点机场相关的上级计委、民航局、建委以及军队有关部门成了两县领导攻关争取支持的重点，两县的领导成了上述机构的常客。每个县都有工作班子，由一名副县级领导挂帅，带着项目班子在长沙或北京出差一待就是一个月甚至数个月，拿到一个阶段性批文就松一口气，然后又接着跑部。省里领导及有关部门的负责同志对大庸、慈利两地来争取机场选址的工作班子也很客气，毕竟他们不是为自己，而是为自己所负责的那个地方的利益。实际上，省里领导也都心里有数，也在酝酿，如何尽快从区划上统一对三个县的管理问题，从体制上清除内耗和扯皮。接下来碰到的一件事，让省委领导下定决心，抓紧向国务院呈报张家界风景区所在地三个县的区划调整问题。

20世纪80年代，湖南省努力跟上全国改革开放的步伐，许多工作在争取主动，虽然农业大省的特点比较突出，但在招商引资、发展旅游和外向型经济方面不甘落后，并力求弯道超车，改革放开前沿的广东尤其是深圳经济特区，是省领导经常光顾之地，也是招商引资的主要目的地，况且，来张家界的国内游客中，广东客源排在第一位。1987年秋天，省里请来了一位贵客即大名鼎鼎的招商局董事局主席袁庚先生。袁庚不仅是深圳特区的实力派人物和当时蛇口开发建设最大的功臣，而且在香港、澳门乃至国外的影响很大，在中央有关部门也很有影响。他能亲自来湖南并到张家界考察，是省里领导三番五次邀请的结果。省里希望他能给湖南招商引资或直接在湘投资，湖南是农业大省，当时的工业和第三产业相对比较落后一点，对外来投资的渴求不言而喻。省里几位领导亲自陪同到张家界风景区考察、游览，希望这里的景观给袁庚留下美好的印象。

那天，袁庚一行从慈利县进入索溪峪风景区游览，奇特风光，自然大饱眼福。当游完索溪峪来到慈利县与大庸交界的水绕四门景点时，令人扫兴甚至想不到的情况出现了。只见两边收费站被砸，而且刚刚被火烧过，还有烧焦的气味，整个现场像是冷兵器时代打过仗的一样，游客心有余悸，看热闹的当地农民凑拥在一起而怒目环视。原来刚发生过械斗，听说上面来了重要客人，当地部门的负责同志各自出面暂时劝回了自己管辖区的群众，现场平息了，打过架、闹过事的痕迹尚在。事后统计，这次景区地界纠纷，在水绕四门地区烧毁房屋17栋，并毁坏部分旅游服务设施。

水绕四门景点是整个武陵源的核心景区点，位置也处在风景区的中心地带。张家界国家森林公园的雨水经过5.7公里长的金鞭溪流至这里，袁家界风景区的一部分雨水也沿另一溪沟流至这里，还有东侧一条溪沟，总共三条溪沟的水在此汇合流入索溪，这就是水绕四门。站在这里，仰看、俯瞰、四周环顾都是风景，画家坐在这里画上一天两天就可以形成作品集。偏偏这个地方又是张家界森林公园与索溪峪风景区的交界处，两地分治时各家的门票站都设在这里。森林公园即大庸的门票站设在索溪的上游靠溪水南侧，索溪峪即慈利县门票站设在下游靠溪水北侧，两边都修有小公路，可走吉普车，但只到各自门票站，游客来此，必须下车，十米宽的河道上硬是没有桥——哪怕是木块桥，大家三三两两，涉水经过溪水上的滚水坝而到达对方并重新买票进入。由于利益使然，所以这里经常吵嘴摩擦不断。这次打架纠纷，即被称为"火烧水绕四门"事件，正好被省委省政府领导陪同的贵客袁庚一行碰上了。不用解释，客人也都知道怎么回事了，也都能猜测到，边界之地发生如此激烈的打斗，一定积怨很久、很深，省里和市县陪同的官员颜面丢尽，赶紧把客人引导到附近一个亭子喝茶，让导游唱土家族、苗族山歌尽兴，引导客人分享少数民族文化，欣赏大自然景观。

（四）

回到省城长沙，省委书记、省长按礼节又宴请袁庚同志一行，席间免不了会提起张家界的奇特风光，也会很自然地说起发生在水绕四门的不愉快事件。如何避免并彻底解决这类问题，大家的意见高度一致，从行政管理体制上将三个县统一起来变成一家，让本来在一块的武陵源风景区形成一个行政区域统一管理。这个想法在此前也有人甚至省里一些领导都在不同的场合提出来过，只是没有形成省里正式文件上报，袁庚一行的考察加快了或者让省里决策层敲定了张家界行政区划变动的进程。

1987年秋，党的十三大已经召开，湖南的省委书记仍是毛致用同志，省长是熊清泉。二位都是湖南土生土长的德高望重的高级领导干部，在湖南担任主要领导多年，毛致用同志搞过土改、征粮工作，当过岳阳、麻阳县委书记；熊清泉同志当过韶山公社书记和几个地市的书记，二位领导对全省的情况包括张家界从发现到成为国家级旅游区的情况都很熟悉。

尤其毛致用同志任省委书记的时间在全国各省来比较都是最长的，他后来调任江西省委书记多年后提升至中央任全国政协副主席。1988年刚过完春节假期，2月7日在毛致用同志主持下，省委召开常委扩大会议，很快做出了调整区划、组建大庸地级市的决策，由省政府向国务院申报并派出了相关部门的同志到北京汇报。据说当时社会上流传过另一种方案，即参照省委管理毛主席故居韶山的办法那样设置正局级管理局，将三个风景区统一在一个局级机构里管理，不改变三个县的区划设置，这一方案没有被采纳。

1988年5月18日无疑是一个值得纪念的日子，这一天，国务院下文《关于湖南省大庸市实行市管县体制的批复》同意设立大庸地级市。文件明确：将湘西土家族苗族自治州的大庸县级市、桑植县划分出来，与从常德市划分出来的慈利县一起组建新的大庸地级市；将张家界国家森林公园、天子山风景区、索溪峪风景区分别从大庸、桑植、慈利县（市）划出来，并与就近的协合乡、中湖乡、天子山乡、索溪峪镇一起，组建武陵源区。按当时行政区划设地级市的规定，一个地级市必须下辖两个区，于是国务院文件要求将大庸县级市撤销并成建制改为永定区。文件要求湖南省加快组建新的大庸市，保持经济社会稳定和平安过渡，并要求机构精简、人员精干等等。得知国务院的这个文件精神以后，三个县的干部群众欢欣鼓舞，庆贺并祝愿过去相互有体制矛盾的三家终归一家。尤其见效明显的是风景区内边界哨卡和门票站，紧张气氛一下子消停并逐渐相互行走亲热起来了。省里也在抓紧筹建工作的酝酿，湘西自治州和常德市的领导表现出很高的政治觉悟和大局情怀，虽然有些感情因素而舍不得将风景名胜区划走，但他们在不同的场合尤其是在省里开会时都明确表态：拥护国务院和省里的决定，风景名胜区是我们的美女，要忍痛割爱，打好嫁妆送美女。这就是说，湘西自治州和常德市在知道原属自己地盘划走的情况下，不仅不挖墙脚，而且要陆续给予人力、物力的支持。

本来，省里推进筹建大庸地级市的工作可以很快有个眉目，为什么几个月了社会上还没见动静呢？原来，国务院批复设立大庸地级市的文件到达省里的那段时间，湖南省委主要领导进行了调整，中央决定毛致用任江西省委书记，熊清泉接任省委书记，而省长的职务没变，所以熊清泉同志书记、省长一肩挑，这次人事变动虽大，但好在没派新的书记来，省里已作出的决策包括设立大庸地级市等问题可以陆续推进，只是落实到位的进度会或多或少受到影响，尤其是组织人事问题。毛致用同志是公认的好班长，他信仰坚定，作风民主，在湖南任省委书记十多年，省里的政治生态良好，社会风气很正。在他手下培养和输送了大批优秀高级领导干部，包括陈邦柱、孙文盛、褚波、曹伯纯、杨正午、汪啸风、郑培民、王克英、王众孚、夏赞忠等领导。上述同志中，郑培民成为全国学习的优秀领导干部、共产党人的楷模，其余都曾在省委书记、省长或共和国部长的岗位上担当重任。我至今清楚地记得毛致用同志离开湖南去江西上任的感人一幕。

5月上旬的湖南省委机关，鲜花盛开，生机盎然。那天，我和许多机关干部一样都早早来到机关大院，因为都听说毛书记要去江西，大家都要送他。时任省委政研室副主任的张彦武同志作为毛书记的大秘书要陪同去江西工作一段时间，头天晚上告诉我说，毛书记念叨过你，你明天早饭后可去他家见一面。于是，我到办公室后即跟随张彦武副主任去毛书记家里。这是一栋两层楼的旧房子，毛书记只住靠西侧的一半。我俩上了二楼进入客厅，毛书记很轻松，正在逗孙子玩，见我们来了，便打招呼让我们坐下。交谈几句后，他说，小梅对农业经济政策问题有研究，年纪又轻，好好干，我与省委有关负责同志提到过对你的培养使用问题。我当时是处级干部，遇上省委书记交流的机会很少，到毛书记家里去是第一次（后来我上北京工作以后一次到江西出差，也到过一次毛书记在江西的家里）。这一次见面就受到如此鼓励，心里久久不能平静，也不知道说什么话好，待了几分钟就走了。大约上午八点半钟，毛书记在秘书等几位同志陪同下从家里后门（离办公楼近些）出来，步行100多米即到省委第一办公楼前，与前来送行的熊清泉等省里领导一一握手，与站在旁边的百多位机关干部挥手致意，然后坐旅行车去江西。场景就像平时他出差一样，只是多了些相送的机关干部。据说毛致用同志特别交代过，不要组织欢送。记得2个月后即1988年7月省委召开各地州市委主要负责同志会议，熊清泉同志在会上特别讲到，省委主要领导的调整是全省的大事，应将各地州市委书记叫来相送，但毛致用同志坚持不让请下面的同志上来，在此向大家说明并向毛致用同志深表敬意。毛致用同志是湖南岳阳人，一直深爱着他的家乡。他在江西省委书记岗位上卸任后担任全国政协副主席5年，从那时起就退掉了江西的房子而住到湖南省委机关他原来的地方，只是旧房子经过了装修并按规矩增加面积。退休以后常年在岳阳老家居住，并与警卫人员一起种菜、养鸡养猪，教导邻里乡村农民发家致富，还将自己养鸡下的蛋送到北京的中央领导，此事传为佳话。

（五）

这年9月，熊清泉同志接任省委书记四个月以后，组建大庸地级市的主要牵头人逐渐明确起来。9月下旬，省委政研室副主任符汉民带着我和另外几名同志在株洲市调研。株洲当时的市委书记是曹伯纯，常务副市长是曾在省委政研室工作过的周伯华同志，班子战斗力强，全市各项工作积极主动，省委政研室经常来该市调研，后来，该市还是中央办公厅调研室的联系点。我们的调研持续好几天，一天中午，曹伯纯书记、周伯华常务副市长正在请我们吃饭，突然接到省委政研室电话：要求我立即返回长沙，到省委组织部领受任务，具体什么事，政研室的同志不知道，也许知道了但不便对我本人讲。当时，饭桌上包括曹伯纯书记在内都猜得到是好事，饭后即火速赶回长沙。幸好株洲到长沙就一个多小时车程，下午在省委组织部被告知，省委已决定组建大庸地级市，由赵杰兵同志牵头去大庸等三个市县做一次调研和考察并写出考察报告，我的任务就是陪同赵杰兵去实地调研，具体工作听从赵杰兵同志安排。

赵杰兵同志当时任湖南娄底行署专员，此前任湖南省委组织部副部长。他是在中组部工作时参加中央整党工作指导委员会并被派驻湖南，整党结束之后留在省里工作。与省委机关同在一个楼办公、同在一个食堂吃饭，我们相互认识。他的人品、为人以及踏实的工作作风，深受机关干部赞赏。有时，他骑自行车在机关院里碰上我，还停车，他个子高，一只脚着地，另一只脚搭在车上跟我聊天几句，我当时受宠不惊——因为对官场上的事以及套路还不熟悉。我不知道，有多少人想见这位省委组织部副部长而苦于没有机会啊！

按省委组织部同志的指引，我去省委接待处找赵杰兵同志，因为他已提前一天到省委领导那里接受任务，那天他身体不适去了医院，我又赶往省委机关医院，在一个单间病房里见到了有些疲倦的杰兵同志，他说话很有分寸，简单问了一下我近期的工作和家庭情况，便说到近期要去张家界考察组建地级市的有关问题，让我做好出差一个星期的准备。这时，我已知道，省委已初步决定由他和湖南自治州的常务副州长肖征龙同志负责筹建大庸地级市，而具体筹建方案和筹备班子的其他成员都还未决定。我能提早参与并成为筹备组领导班子的首批成员，是赵杰兵同志向省委组织部点名举荐的，这让我至今心存感激。我虽然是后备干部，但如果当时没有赵杰兵同志点将，也许那一段甚至后来的人生轨迹就会是另外一种情况了，说不定很郁闷，也说不定更加顺畅——因为在人生之路上，不能让现实去重复历史，只能让历史启迪未来！

过不了几天，大约是 1988 年 9 月 30 日，按赵杰兵同志的安排，我们出发去张家界，同行的还有省委组织部青年干部处的郭树人同志，不用猜，他是去侧重了解干部，未来会留在地级市的组织人事部门，省委机关事务局派了一辆蓝鸟牌小轿车，赵杰兵同志会驾驶，不时换下司机，自己会开上一段。我们顺路停留常德市，与市党政主要负责同志交换意见，请他们协助做好所属慈利县的划转，支持大庸地级市的组建。常德市的领导尤其是政府市长程林义同志表态最为痛快、干脆而且大方，我们很高兴，心里也踏实了些。慈利县虽然在常德市算比较穷，但比起大庸县级市和桑植县要好多了，人力、财力都要强些。

根据考察安排，赵杰兵同志带着我和郭树人，第一站到慈利县，并在这里与从湘西吉首赶来的肖征龙同志会合，这也是未来的（即第二年）大庸地级市首任书记、市长在本辖区的第一次握手，值得纪念。肖征龙同志是湘西土家族人，大学学的是农业技术，在偏远的龙山县工作多年，是高级农艺师，后逐渐提拔到湘西自治州常务副州长的领导岗位。他熟悉地方工作和各项经济社会事务，领导能力很强，作风深入，工作扎实，行事果断，待人也很好。初次见到他，感觉朴实亲切，当时没有想到会成为他的助手而共事 5 年。他这次来考察，只带了秘书何其雄，连同司机朱官玉，轻车简从。会合以后，我们考察调研组共5人（不含司机），听取慈利县委书记宁望林、县长杨守彩的汇报以后在索溪峪风景区住下并听取介绍。风景区是矛盾的焦点，而索溪峪风景区既与张家界国家森林公园有积怨，又与天子山风景区关系不和，赵杰兵肖征龙同志工作很细，既召开会议听汇报，又与有关负责人个别谈心，而且与这里的老同志如卓志初等交谈很长时间，考察完索溪峪以后，在水绕四门风景点与前来迎接的大庸县级市市委书记刘国基、市长张金华以及张家界国家森林公园负责人喻广浩、胡太灼见面。那天正下雨，大家撑伞冒雨步行金鞭溪，在森林公园住了一晚。国庆节那天已雨过天晴，大家顾不上休息，在大庸县级市市区听取汇报，中午抽个空，集体参观了市区一处文物——普光禅寺。随后再驱车70多公里去桑植县调研考察，听取了县委书记向万隆和县长王兆锦的汇报。桑植县是贺龙元帅的家乡，是他用两把菜刀闹革命的地方，也是红二方面军长征的出发地。这里最大的问题是贫困人口多、贫困程度深，不仅在三个县，在整个湖南省的贫困县中桑植县的贫困状况也是最为严重的。肖征龙同志对此比较了解，赵杰兵详细询问了有关

从吉首返回长沙途中，在过沅水的汽车轮渡上赵杰兵同志（中）与郭树人（右）和作者合影

数据和案例，这不仅为建市以后的扶贫工作部署和战略构思打下了基础，而且也为日后争取中央有关部门支持尤其是争取贺龙之子贺鹏飞将军的支持而及早得到了第一手资料。

在三个县（市）和风景区调研考察完以后，我们从桑植驱车赶往吉首与湘西自治州委、州政府沟通并向省委常委兼自治州委书记杨正午同志汇报。由于与杨正午书记事先约好了见面的时间和地点，我们两辆小车速度很快，湘西民风淳朴，但也不无彪悍。湘西的道路比较窄，路上要超车的话，前面的车必须适当避让，可是路上一辆小货车在慢慢行驶，硬是不让我们超车，哪怕我们车的喇叭响个不停，追了十多公里，在我们前面带路的湘西自治州政府的车终于超过去将小货车截停，肖征龙同志下车、掏出身上的州政府证件，将司机训斥一顿，若不是赵杰兵同志下车上前说了几句缓和的话，肖征龙同志一定会扣下这司机的驾照并告诉交通道路主管部门来处罚。从这件事情也让我深深感受到：肖征龙同志敢抓敢管的工作作风也是难能可贵的。

在湘西自治州的走访的很愉快，沟通也很顺畅。杨正午同志是省委常委，早已按省委要求做好了两个县移交的准备，并冻结了这两个县（市）的干部人事工作。

调研考察的情况简单碰头之后，肖征龙同志留在湘西自治州等候省里听汇报的通知，10月6日赵杰兵带领我和郭树人返程。吉首到长沙有近500公里，路上要过一次汽车轮渡，我们坐小车也需一整天时间。赵杰兵喜欢听音乐，行囊里带了许多录音带，他坐在副驾驶位置，与司机聊天，有时自己也开上一段，更多的时间是跟着《军港之夜》《黄土高坡》等歌曲曲调，哼唱放松。郭树人祖籍东北，身高体胖，在车上很会睡觉。而我人在车上，脑子里总是思考着如何按照赵杰兵、肖征龙两同志主要是赵杰兵同志的思路起草好这次调研报告即向省委的汇报材料。我来湘西搞过调研，沿路比较熟悉。到了泸溪县，我就说，前面河上没桥，汽车要过轮渡了；到了沅陵县，我就介绍说，当年解放军在湘西剿匪的指挥部设在该县；还介绍这里的凤凰山古刹很有名，当年蒋介石曾将张学良软禁在此一段时间，于凤至曾来这里探望夫君，湖南一位名人为此写下一副对联的上联："于凤至至凤凰山有凤来仪"，求对下联，我也不知道后来有谁对上下联没有。车过官庄，我又介绍这里有黄金矿，省里在此设有机构等等。赵杰兵在车上听得很认真，以至在后来多次讲到我对省里许多情况比较熟悉。回到长沙后，赵杰兵同志回娄底交接工作，我便按他的要求起草调研报告。肖征龙同志派来他的秘书何其雄协助我整理材料，何其雄年轻有为，一笔字写得很漂亮，我们配合默契，很快完成了初稿。

过在张家界最著名的景点黄石寨，一块大石碑上刻有朱镕基的诗句："张家界顶有神仙。"该句摘自他 2001 年 3 月写的一首诗《重访湘西有感并怀洞庭湖区》。抗战时期，朱镕基为避战乱而转至湘西山区国立八中读书并认识劳安。他在诗中赞颂张家界，并对洞庭湖的污染发出了"何日现""梦难圆"的感慨。朱镕基到访时，张家界已建市十多年，他没有感受到这里过去那种行政体制分治的乱象。

《重访湘西有感并怀洞庭湖区》

湘西一梦六十年，故地依稀别有天。

吉首学中多俊彦，张家界顶有神仙。

熙熙新市人兴旺，濯濯童山意怏然。

浩浩汤汤何日现，葱茏不见梦难圆。

三　感受专题研究大庸地级市
筹建的省委常委会议

　　我与何其雄在起草调研报告的过程中，就听说省委近期要召开常委会专题研究大庸地级市的筹建问题，很快正式通知下来了，定于 10 月 13 日下午开会，要求赵杰兵、肖征龙同志提前赶到长沙，我也作为工作人员到会，地点在省委机关常委办公楼即 10 号楼。

　　常委尤其是书记们的日常办公和开会地点，不像现在这么统一和规范。以前没有这么多高楼大厦，省里领导大多各住一小栋，许多领导在家里办公，常委会议便定在内部招待所，宾馆里面召开。

　　中华人民共和国成立后，省里在现在的省委机关西侧占用一块地，建了八栋小楼，准备给 8 位省委书记们居住，那时设有第一书记、第二书记等。当时的省委第一书记是张平化同志。毛主席来过湖南多次，有一次，他知道了省里在为书记们建小洋楼，就在眼鼻子底下大兴土木，甚为不悦，对张平化书记说，你的老家就在井冈山附近，老百姓还很贫困，国家也不富裕，要艰苦朴素一点。此后，这些小楼建好了，哪位书记也不敢搬进去住，"文革"期间更不用说。于是，这里就作为内部接待重要客人的地方，名称就叫"九所"，当时省政府下面有 8 个招待所，叫"九所"也正合适，也有的说院子里有九栋小楼。不管怎么说，九所至今都是省委接待国家领导人的地方，毛主席生前就在其中的六号楼住过相当长的时间，这里警卫森严，除了内部接待以外，省委常委开会就在九所。1982 年党的十二大以后，省里成立顾问委员会，便兴修了 10 号院，当时是平房，顺便多修了一些房子，用于省委常委们办公和开会。省顾问委员会完成历史使命以后，十号院经过翻修新建，成为今天大家知道的省委机关院中的小院。

　　省委常委会议由熊清泉书记主持，他当时正兼省长职务，可以说日理万机。他比毛致用同志年长 2 岁，有大学文凭，而且在大学毕业时正值湖南解放前夕，在学校做过党的地下工作。这种学历、资质在当时的高级领导干部是十分难得的。社会上一时传说"地、大、压"的干部提升快，即身份是地下党、学历是大学，在反右和"文革"中又受到迫害，这三种情况都被熊清泉同志沾上了，大家心服口服。我们这些中层干部大都感受到，熊清泉同志思想解放，亲民务实，按照中央的要求，稳步推进全省改革开放和发展。大家都对熊清泉书记寄予厚望，希望他能带领湖南发展得更快一点。

　　半天的常委会议，专题研究大庸地级市的筹建。会议分两段或者说分两个议题，先听取我们的调研汇报并研究有关政策措施，然后研究人事即筹建班子配备问题。熊清泉书记宣布开会并讲了几句开场白之后，将信任的目光投向赵杰兵同志示意其汇报。赵杰兵同志当时在娄底地区行署担任专员不到两年，就被省委委以重任，将担任新建的一个地级市的市委书记，说明熊清泉对赵杰兵同志很信任并寄予厚望。关于这次调研和筹建工作的一些设想、建议，已形成了一个 5000 多字的稿子，我们调研组讨论过，并经过赵杰兵、肖征龙同志的认真阅改。赵杰兵同志先汇报、肖征龙同志作补充。虽然有现成的文字稿，但赵杰兵汇报很有章法，节奏分寸把握得很好，他简要介绍了三个县的基本情况以及这次实地调研的感受。

属湘西自治州管辖的大庸、桑植和原属常德市管辖的慈利三县（市）的干部群众从各种渠道得知国务院批复大庸市实行市管县体制的消息之后，普遍表示拥护。近几个月来，三县（市）的主要负责人进行了互访，关系逐步融洽。风景区边界地带的紧张气氛和相互对立的情绪有所缓和，三县（市）的局势是稳定的。各项工作基本正常。但是，因为领导体制和行政区划即将变动，自治州与常德市感到不便于多管这里的工作，三县（市）也感到与上级有些脱节。因此，大家都一致要求尽快组建新的大庸市。

大庸新市的组建将影响到各方面特别是干部的切身利益，因此，社会上各种议论很多，干部的思想也很活跃。三个县（市）这几年勒紧裤带挤出钱投入到风景区，刚受益就划走了，都感到心疼。现在国家财政很紧，干部群众担心建市的负担会加到企业和农民的身上。另外，县（区）级机关的干部想进市级机关工作，区乡干部想进城工作。现大庸市的部分同志对本单位的机构和干部升格提级期望较大。慈利、桑植两县的同志则要求在配备市级及市直负责干部的问题上三县（市）要比例均等。张家界森林公园担心改变目前与林业部门的业务领导关系，等等。现在，国务院批复已近五个月，有的干部说，大庸建地级市只听雷声响，不见雨下来。据我们了解，这里的工作已出现了某些脱节和失控的苗头。例如，重点工程进展不快，县城和风景区出现了乱占地、乱建房的现象；机构升格、突击提干也有苗头。时间拖得越久工作就越被动，因此，大庸地级市的筹建工作一定要加快步伐。

接着赵杰兵同志汇报并提出了新大庸市的基本特征和筹建工作的指导

思想。

新大庸市的基本特征，一是少数民族人口占有相当大的比重（经省民委确认的少数民族人口 52 万，约占总人口的 38%）。二是地处偏远而且经济文化落后的山区，其中两个县（市）为国务院确定的贫困县（市），加上慈利县，尚有许多农民的温饱问题和少数人畜的饮水问题没有解决。三是城市的发展将以观赏自然风光旅游为主，而旅游业的起步很晚，基础设施很不完善。基于上述市情，再加上新大庸市是由原来分属于两个市州的县（市）组建而成，各种配套衔接工作很复杂，协调难度大。因此，我们的筹建工作要强调集中统一，讲求办事效率。要脚踏实地，不急于求成，不乱铺摊子、乱上项目。要高举艰苦奋斗和民族团结的旗帜，根据"小政府，大社会"的构思来设置机构。以对子孙后代高度负责的精神，珍惜、爱护、发掘旅游资源，在统一规划的基础上注重基础设施的建设和配套，搞好环境保护。把抓旅游与扶贫结合起来，以风景区的开发带动贫困地区乃至全市的开发；实行比少数民族地区、山区开放开发区和改革过渡试验区更加优惠的政策；争取省里各部门特别是林业、交通、水利、电力、旅游和经济调控、综合部门的帮助并依靠全省人民的支援，把新的大庸市建成第一流的旅游特区、团结统一的民族地区和符合改革开放要求的新型城市。

同时，赵杰兵同志根据实际情况，对筹备工作提出了具体建议：

一是尽快组建筹备班子并明确其职责。建地级市筹备组成员暂以七人为宜。筹备组的职责主要是负责日常经济和社会工作，根据上级的指示精神和法定的程序组建新的市政府及其他机构。筹备组拟设生产组、组织组和办公室，当前首要的是把计划、财政、统计、基建、农业、林业、水利、交通、粮食和人事、秘书、综合等临时工作机构建立起来。并请垂直管理部门尽快把银行、邮电等机构建立起来。在筹备组成立的同时，应相应组建中国共产党大庸工作委员会，作为省委的临时派出机构研究和决策建市过程中的重大问题，管理县处级干部。工委正副书记兼任筹备组正副组长，工委委员与筹备组成员基本上交叉兼职。另外，为了协调好新市与自治州、常德市的关系，并迅速与省直各有关部门理顺关系，建议省委、省政府尽快设立组建由省委省政府领导挂帅的大庸地级市工作领导小组，吸收有关部委厅局的负责同志为领导小组成员。领导小组成立后须尽快召集省直有关部门和自治州、常德市的负责同志开一次会议，布置各项交接工作。省直主要综合部门要抽调业务骨干，帮助组建新的市直机构并衔接好明年的各项计划。原省政府武陵源管理办公室随之撤销。

二是新增人员编制。市直机关和武陵源区的人员编制应主要靠上面新增解决，单从现有的三个单位挤编不现实（因为区乡干部占了行政编制的大部分，从县区机关虽然可以调出一点，但解决不了问题）。建议省里继续向中央请求增编。在中央没有下达编制计划的情况下，应从省直机关特别是从那些行政性公司调剂出部分编制。目前，市筹备组暂增编200人并按规定拨足人头经费，今后的总编制按职能和机构确定。筹备组下属机构的部分干部和工作人员，从省直有关部门连人带编抽调。市直机关领导干部和专业人员要面向全省公开招聘，引进竞争机制。武陵源区机关筹建阶段所需人员，可以考虑从三县（市）连人带编抽调解决。原大庸市的编制，除少数抽调的以外，转给永定区。当时，全省六个地级市直机关平均行政编制为1549人，机构为87.3个。我们认为大庸市直机构和编制都应少于平均数，但希望能按平均数将行政事业经费拨给大庸。

三是关于市级机构设置和武陵源区的领导体制问题。总的来讲，慈利、桑植两县的机构保持稳定，不做变动；永定区的机构基本上是在原大庸市机构的基础上换块牌子。新大庸市的机构可以这样考虑：政协机构拟暂不设置；人大常委会、检察院、法院机构按宪法的要求设立，但要力求精干；市委、市政府工作机构如何设置，请求省机构编制委员会结合大庸的实际并参照海南省和黄山等地的经验，帮助我们尽快设计出实施方案。

武陵源区的情况复杂而又特殊。这里常住人口较少，各种矛盾又比较多，建立一级地方政府的条件尚不成熟。为了加强对风景区的统一领导和管理，我们建议实行一种过渡性体制即按国务院批复的范围设立武陵源旅游开发区，实行管理委员会负责制，其领导成员由市政府派驻。这种新型体制比较灵活，扯皮少，有利于武陵源的开发。另外，现大庸市的同志要求按山脉走向和水系分布情况重新明确一下协和乡的区划，把该乡水库及下游部分划回永定区，其他部分划入武陵源区。我们觉得有道理，需请民政部门调查后提出具体方案。与会的领导对武陵源风景区的情况及其管理体制的问题特别关注。有人打断赵杰兵同志的汇报并提出问题，肖征龙同志作了补充，我也壮着胆子插了两句话。由于我坐在书记的后面，我这一插话，引起熊清泉书记掉转头看了一眼并点了一下头，接着赵杰兵同志继续汇报。

四是关于筹备组的办公用房、开办经费和用车问题。目前各级财政困难，新的市委、市政府等机关三五年内不宜兴建办公楼和宿舍楼，只能由省政府将省直部门在大庸的招待所划拨一两处给我们或临时租借。永定区机关用房也紧张，我们不宜去挤；租用民房成本高，而且场地狭小、分散，不便工作。而省直许多部门和单位都在大庸市建有招待所，其利用率并不高，筹备组的办公用房只能从这里打主意，这样，我们可以在三五年内不建办公楼。此外，筹备组的开办经费，请求省财政暂拨款200万元，并单独建立财政户头，以后根据需要，在节俭的原则下予以追加，还要求省里帮助解决汽车10辆。

五是建设新的大庸市，省里要给优惠的政策。最重要的是以下三方面的政策：

少数民族地区政策。请省里明确宣布市属县（区）原享受少数民族地区的一切待遇不变。慈利县也是少数民族聚居人数较多的县，该县反映，少数民族人口30多万，约占全县总人口的50%，他们也应享受少数民族地区的优惠政策。

全市要求实行比我省改革过渡试验区和怀化山区开放开发试验区更加优惠、更加灵活的税收、信贷、农副产品购销、外汇留成和吸引人才等方面的政策。

在财政体制上，要求省里对大庸市实行财政补贴。市对所属县（区），桑植县和永定区维持现行财政体制不变；慈利县由递增包干上交改为定额补贴。鉴于大庸市开发旅游资源将耗资很大，市本身还需脱贫，因此请省里确定一个年固定投资基数（随项目），并坚持5年。

省委常委们听取赵杰兵同志汇报和肖征龙同志补充以后开始讨论，大家都基本赞同并分别就各自分管的工作提出意见。陈邦柱同志当时任常务副省长，又主管对外经贸和旅游外事，到张家界等地去得多，情况比较熟悉，他就有关经济工作的相互衔接和如何落实少数民族政策以及整顿旅游秩序等问题讲了重要意见。孙文盛同志时任常委组织部长，主要就组织人事工作和干部队伍的稳定讲了主要意见。时任省人大常委会主任的刘夫生、省政法委书记的董志文、省委宣传部部长的夏赞忠都做了简短发言。省政协主席刘正曾担任过省长，而且还协助省主要领导负责省里的招商引资和旅游工作，讲的话相对长一点，但不啰唆，很有针对性。熊清泉同志就这一议题做了小结，明确了建市的指导思想，并对筹建工作提出了具体目标，要求省直有关部门以及湘西自治州和常德市大力支持筹建，确保新的大庸市从 1989 年 1 月 1 日起按新的行政区划体制运行。

这个议题研究以后，列席会议的省直有关部门的负责同志退下会场，省委组织部的工作人员来到会场，常委会议接着研究干部人事问题，主要决定大庸地级市筹备组领导成员。我随省委政研室李达才主任退出会场步行回办公室。李主任拍着我的肩膀说，"省委常委会正在研究干部，其中有你，今天下午是你人生的一次转折，好好干吧！"李达才主任是我大学毕业分配到湖南省委政研室工作遇到的好领导，他品德高尚，为人正直，要求自己非常严格，而且注意培养并手把手教育指导年轻人，帮助一批从大学毕业到机关工作的大学生尽快进入角色，提高工作能力和水平。我从事调查研究和文字综合的一些门道就是李达才同志通过言传身教传授给我。当时省委政研室一批德高望重的老领导，年长一点的业务骨干，培养并带出了一批又一批叱咤政坛的领导干部。老领导和年长一点的同事，除了李达才主任以外，有前任易锡兴主任，还有杨彬、单雄飞、符汉民、蒋显礼主任，以及周玉真、曹其明、张恒德、杨正东、戴海春、李厚祥、常弼良、谭露生、周佑勋、陈本洪等领导同志。与省委政研室的领导和同事很少留下照片，与李达才主任和杨彬、章彦武两位副主任的合影弥足珍贵。正是在这些老领导、好同事的培养帮教下，从省委政研室走出后来担任湖南省省长、国家工商总局局长的周伯华，湖南省常委、省政法委书记的李江，湖南省副省长、后调任浙江省委常委兼公安厅长的刘力伟，全国政协副秘书长刘佳义，以及知名企业家、慈善家卢德之等同志。还有一些年轻干部也是不错的，表现出一定的才华和组织能力，有的到后来出了一些变化。我一路上向李达才主任表示敬意和感谢，没有多说什么就急着找赵杰兵同志去了。

很快，我们得到正式口头通知，省委已决定成立筹建大庸地级市党的

与李达才（右2）、杨彬（左2）、章彦武（右1）三位老领导在张家界黄石寨合影

工作机构和行政领导，即中共大庸地级市工作委员会和大庸地级市筹备组，两套机构牌子，一套班子，党政职务——对应。赵杰兵任工委书记兼筹备组组长，肖征龙任工委副书记兼筹备组副组长。工委委员兼筹备组成员共4位，除了我以外，还有那里三个县（市）的书记即刘国基、向万隆、宁望林同志，我们班子最初的六位同志有一个难得的合影。赵杰兵同志告诉我：守着省委办公厅，等待省委常委会会议纪要以及干部任命文件，而且在家作好装备，近日就要启程。

我的人生之路将发生转折，这是从省直机关直接提拔到地级市任职，由于自己早有思想准备，听到赵杰兵的通知，我并没感受到突然，不过脑子还是有些兴奋。

当时，记得一年前即1987年10月在党的第十三次全国代表大会期间，我作为大会文件起草组的成员被派到湖南代表团听会，当然这是我争取来的。湖南团驻地在北太平庄的七省驻京办事处，代表团的正副团长是毛致用、熊清泉同志。熊清泉时任省长，比较健谈，与我们工作人员也有许多话说。"小梅，回省里以后下到地市去干！"有一天饭后散步，熊清泉省

大庸地级市筹建初期，省人大常委会主任、省顾问委员会主任万达（右4）与筹备组成员合影。从右至左依次为：向万隆、梅兴保、肖征龙、万达、赵杰兵、宁望林、刘国基，左1为市公安局长李火峰

长拍着我的肩膀亲切鼓励我。当时我为之感动，心里一亮，马上说了一句，谢谢领导关心，听从组织安排。这也更坚定了自己不留京回省工作的决心。

到张家界工作，对我来说，是一次重要的角色转换。

从机关干部到行政领导一线，不仅是职务上的变化，更是工作方式、思维方式等方面的一次大的转折，由过去的"研究者"变成了"实践者"，由过去的以思考和研究为主，变成了以政务管理、督促检查、判断决策为主。借调北京的这段经历，是在 1987 年下半年。中国共产党第十三次全国代表大会召开之前，参与政治体制改革研究和筹备十三大政治报告起草的班子中，有以前中国农村发展问题研究组的有关人员。筹备过程中，起草班子从地方抽调了一些年轻骨干参与研究，有关人员打电话到湖南省委办公厅，借调我参与十三大政治体制改革相关文件的研究和起草工作。在文件起草的过程中，我感觉到在研究问题的方式方法上有点不对劲，所以会议一结束就要求回长沙。当时中组部的一个同志还跟我开玩笑说，别人想贴都贴不上去，你都贴上了还自己走了。现在看来，自己当时决定不留是对的。

建市初期，筹备组和第一届市委、市政府高举"民族团结、艰苦奋斗、开放开发"三面旗帜，营造风清气正的政治生态环境，每当回顾此情此景，心中就回荡起诗句：

其一：风正扬千帆，潮涌起宏图。

其二：录唐朝诗人刘禹锡《秋词》。

自古逢秋悲寂寥　我言秋日勝

春潮　晴空一鶴排雲上更引

诗情到　碧霄

刘禹锡　秋词　戊戌夏　梅兴保书

四　筹备千头万绪
工作夜以继日

为了促使大庸市地级市顺利筹建，省委做出了一项重要决定，即从省直机关抽调数十人到大庸工作两年。帮助大庸新市对口建立新的市直机构，这一决定十分英明。大庸地级市虽然保留了县级市的名称，但管辖范围扩大了两个县和一个区，原大庸县级市的管理架构和基本队伍不能变，只是县改为区，不像广东的东莞市升格改为东莞地级市那么简单，因为东莞地级市的管辖范围与东莞市的范围没有什么变化，筹建相对简单，东莞的经济主体很多，实力很强且远超许多省会城市，那是另外一码事。

（一）

省委常委研究大庸筹建的会议结束不到五天，省委组织部就通知省直各单位抽调去筹建的干部在省委接待处会议室集合开会。当时来了 40 多位，都是各单位的优秀中青年干部，以地级干部为主体，一个个朝气蓬勃。省委组织部领导见到大家充满活力，很高兴。省委常委组织部长孙文盛到会与大家一一握手，并在会上讲了筹建大庸地级市的意义和对大家的期望，也提了一些要求。当时省里规定，抽调去大庸的干部不转户口，原则上工作两年以后回原单位重新安排工作，愿意留下的当然欢迎。党组织关系转到大庸，具体工作和职务由新的大庸党组织安排决定。去做什么事情，这些同志心里基本清楚，因为省里已明确要求省直机关对口帮助筹建，比如省财政厅抽调的干部去大庸以后帮助组建市财政局。至于具体担任什么职务，由大庸地级市党组织根据本人情况和实际上的机构设置来决定。参加会议的 40 多名同志绝大多数缺少基层工作经验，在机关待的时间比较长，也都希望下到市县机关独当一面处理行政事务，历练自己，提高自己的工作能力，提升自己的发展空间。后来的实践证明，这些同志绝大多数都被提升到司、局级领导岗位而且干得很好，其中少数同志（一般当时抽调就是正处级干部）在大庸工作的两年间就得到提升。

省委组织部的有关负责同志讲完有关规定和注意事项之后，孙文盛部长点名要我发言。我当时虽然人在会上，但心里想着家里一大堆困难如何克服，包括两个十岁左右的小孩教养等，对发言没有任何准备，更缺乏从政经验和官场上套路。事实上，参加这次会议的40多人中，只有我已被明确大庸地级市筹备组成员即属于省管了，应该有发言的心理准备，可是当时没有这么想。好在我与孙文盛部长还有点熟悉，当时心里不十分紧张。记得孙文盛同志任株洲市委书记时，毛致用同志率各地州市委书记到广东学习取经，总结会上，孙文盛同志根据广东的经验和作法，找出自己的差距，提了建议，发言比较精彩，深得毛致用等省委领导的赞许、好评，我从整理材料的需要，那时就结识了孙文盛同志。领导点名后，我站起身做了一个简短表态性发言：感谢省委的信任，珍惜去一个新的地级市组建的机会，克服困难努力工作，严格要求自己，请组织放心。

省委决定后，省直机关也行动起来了，除了抽调干部之外，还在着手研究计划调整等事务，大庸等三个县（市）翘首盼望筹备干部到位。要说最着急的人，是省委刚任命的赵杰兵书记。他通知我们几位筹备组成员和当时随同他调研考察的几位同志近日就要到位，也就是说，我要先于省里抽调的40多人到大庸。在非常繁忙的空隙，赵杰兵同志还专程来到省委机关宿舍我家中看望，并做家属的安抚工作。夫人一见到赵杰兵同志就控制不住情绪，哇哇哭了起来。杰兵同志好言安慰并说到我的进步，张家界的美好前景，在很小的房子里又相对笑了起来。

此后几年，夫人和小孩在暑假期间都来张家界休息一段时间，我也抽空偶尔陪同到风景区转转，留下全家合影。

我们出发的那天，已是1988年10月26日，三湘大地，秋高气爽。从长沙到大庸的385公里沿线，平原秋粮饱满，山区柑橘飘香，一派丰收的景象。这时，我想起唐朝诗人刘禹锡的诗《秋词》："自古逢秋悲寂寥，我言秋日胜春朝。晴空一鹤排云上，便引诗情到碧霄。"当时，车上我们几个人心情都很畅快，大体上和半月前来张家界调研一样，车正是那辆省直机关事务局的蓝鸟牌轿车，不过没有了司机，而是赵杰兵同志和我都有了新的身份，小车由赵杰兵同志自个驾驶。他考虑到，司机就用不着从省直机关借调，当地司机有的是，而且适应山区驾驶。

我和郭树人坐在车上，一行三人中午到达常德市。在市委接待处用餐

1990 年夏天，与夫人胡嘉安、长子梅霜、次子梅冰在张家界国家森林公园合影

时碰到了在此陪同国务委员兼财政部长王炳乾视察工作的熊清泉书记。省委研究大庸筹建的事还只有几天，赵杰兵同志就交接完在娄底地区的工作，轻车简从去上任，熊清泉在此见到赵杰兵后很高兴并交代了几句。当得知赵杰兵自己开车时，熊清泉书记嗔怪为什么不找个专业司机开车。赵杰兵同志做了解释，并说自己身强力壮，开车走这段路没问题。熊清泉知道路程还未走一半，而且剩下的路是山区公路，蜿蜒崎岖不好走，便叮嘱要小心，慢点开，握手告别之后又掉转头来要我们在接待处休息一会儿再上路。赵杰兵说："没事，不用休息。""我命令你在此休息！"想不到熊清泉说得比较严肃，我们只好进房间躺了个把小时以后才出发，傍晚赶到了大庸。

（二）

1988 年 11 月 18 日，赵杰兵同志主持召开了中共大庸地级市工作委员会（简称大庸工委）和大庸地级市筹备组（简称市筹备组）第一次会议，研究建市机构设置和各单位负责人配备并进行了分工。赵杰兵同志是工委书记、筹备组组长，即党政一把手，负责全面工作。肖征龙同志作为副书记、副组长协助赵杰兵工作，主要精力抓经济、基本对应政府的各项工作。筹备组当时下设三个小组即经济组、组织组、办事组，我兼任办事组组长。此后不到一个月，省委又任命了吴松盛、孙凤鸣两位同志补充进了大庸工委和市筹备组，吴松盛同志兼任组织组组长，孙凤鸣同志去负责筹建新的武陵源区并兼任那里的书记。

吴松盛同志原在湖南省委办公厅工作，曾担任省顾问委员会主任万达同志的秘书多年，政治觉悟高，原则性强，敢抓敢管，非常热爱党建工作，为人正派，我俩在省委机关早就熟悉。1986年夏，中央顾问委员会主任薄一波来湖南调研期间，主要由毛致用和万达同志陪同。我当时被临时抽调为毛致用书记服务，据说是薄一波同志的秘书董宏与湖南省委领导交谈时提到并询问了我的情况，因为我俩是人民大学的同学。由于这个原因再加上我经常参与为毛致用书记写材料，所以跟了毛致用同志10多天，期间经常与吴松盛秘书交流，彼此谈得来，想不到我们俩在大庸市一个班子里共事。吴松盛同志负责的组织组既管组织又管纪检监察，事情很多，以至于他来报到上班后连续几个月都坚守在大庸，直至春节才回长沙与家人团聚。孙凤鸣同志年长一些，原任瓷都醴陵市委书记。他"文革"之前毕业于清华大学，在深圳市工业部门工作多年，既有耀眼的大学毕业背景和学识，又有丰富的实际工作经验。当时，醴陵在湖南属于发达县市，不仅经济总量大、发展快而且经常出经验，我们省委政研室的同志经常来这里调研，也都认识孙凤鸣书记。我大学毕业到政研室工作以后的第一次出差调研，就来醴陵市考察乡镇企业和群众文化建设，当时我正在治疗慢性皮肤病，大学毕业前曾在北医三院治疗过，到长沙工作以后改为中医治疗，坚持服中药近3个月，在醴陵调研期间天天请厨房师傅熬药。坚持服药80多服，我的顽固皮肤病终于痊愈，那位中医医生以我为案例申报并评上了高级职称，由此我对那次治疗过程包括在醴陵边出差边吃中药的事记忆深刻。当然，真正与孙凤鸣同志亲密接触的是在一次省委书记毛致用主持的小型座谈会上。

1986年6月，省委领导同志在分析判断半年的经济形势并为下半年经济工作寻找着力点。一天，毛致用同志请来七八位地、市、县委书记座谈，其中就有孙凤鸣同志，我作为工作人员在会场记录。孙凤鸣是河北保定人，讲一口标准的普通话，加之有情况、有经验，其发言令毛致用等领导连连点头。参加这次座谈会并发言的有长沙市委书记王众孚，他很热情好客，想请参加会议的外地同事吃个饭，示意我逐个通知。当时省里接待规定很严，像这类小型座谈会，无论是书记主持还是其他领导主持，与会人员都不安排食宿。于是，会议结束后我引导孙凤鸣等几位同志到王众孚书记安排的长沙玉楼东饭店用餐，这是一家在长沙与火宫殿齐名的很有特色的湘菜馆。用餐期间，我与孙凤鸣同志就县域经济发展等问题进行了深入交谈。

孙凤鸣同志来筹备组报到，不仅转来了户口，而且将家属随之迁来，这比我们这些从省直机关抽调来的同志做得好。他全家来张家界也具有很好的示范效应，醴陵市委办公室主任王建文、农业局科长王定坚也先后举家调迁过来，王建文被安排在张家界森林公园管理处工作并很快担任了管理处主任，对内管理、对外接待以及协调处理各方面的关系都做得比较好。

我这个筹备组的办事组组长，当时就是党委和政府秘书长一肩挑的角色，万事开头难，何况各种杂事多，接到任务也多，忙得不可开交。随赵杰兵、肖征龙两位主要领导先于大部队到大庸后，我的首要任务是寻找并尽快确定临时办公地点，紧接着订报纸、订家具、装电话，而且收发文件，此事还非常着急，所以迅速确定办公地点是关键。当时在大庸有不少宾馆、招待所且都是省直机关或湘西自治州有关部门建在这里的接待设施，我去跟宾馆经理谈的时候说付租金，不让宾馆吃亏，但这些经理大都不相信，于是便从省直管理的部门所属宾馆开始逐家咨询，先初步定了税务部门的招待所，这里内部条件包括用餐好一点，但进出交通不方便，道路七拐八拐，稍不熟悉的人难找到大门。那天中午，专程从湘西自治州来这里准备加盟筹备建设的黄新明、姜玉平两位年轻干部，找了半天，最后爬围墙进来才找到了我们，并说这里交通不大方便。黄新明在湘西自治州已是处级干部，调来大庸先后任永定区委副书记，桑植县委书记，官至市计委主任、市政府秘书长和市长助理以后，瞅准了张家界国际旅游开发的商机，下海开发旅游，经营国内外独特的张家界百龙天梯项目，成为远近闻名的黄老板，其夫人吴金娥被安排在市财政局，工作很出色，经常受表扬。姜玉平携年轻漂亮的夫人调来大庸以后进步很快，真是家庭幸福，事业有成，广结善缘，待人诚恳豁达，朋友很多，这也许与他先后在市委组织部工作以及在市委任副秘书长、市委办主任负责接待和较长时期担任张家界航空工业职业技术学院的党委书记有关。和姜玉平接触特别是听他讲风土人情掌故和接待过的名人逸事，三天三夜也听不厌。

在税务招待所待了两天，我在原大庸县一位老同志的引导下找到了省供销部门建设管理的紫舞饭店，这里交通非常方便，临靠市里主要街道，院内停车场地大，食堂等条件也可以，经主要领导同意后便确定此地为大庸地级市筹备组驻地。

（三）

在紫舞饭店办公两年，正是筹备建市和新市初期运转的两年，也是工作最为紧张忙碌的两年。这家饭店不仅为我们保障了安全有序的办公秩序和日常工作生活，而且为新的地级市输送了多位急需的适用型人才，主要是后来市委、市政府机关从事后勤服务的电工、小货车司机、食堂炊事员以及从事文秘、收发和接待工作的年轻人。其中好几位年轻漂亮的女服务员，虽然学历不高，但很有教养，品行很好，后来的职业生涯也不无精彩。一位姓杨的女服务员被筹备组抽调来做打字文印，后嫁给了驻地海军军官并随之调迁上了北京。服务员许小娅、李佩群调入筹备组以后，不断进步，后来都成为市接待处的骨干，小许现在已是市接待处的副处级干部。她有四个妹妹，都上了大学，分别在美国和国内的海南等地工作。五姊妹即"五朵金花"从慈利县许家坊的山沟里走出来，如花似玉，并且身材高挑，令当地包括从长沙省直机关来的青年艳羡。许小娅待人热情大方，当时私人电话较多，见了我们还有点不好意思。

从紫舞饭店落脚下来不到3天，参加筹备建市的大部队即从省直机关抽调的40多人按规定时间来到大庸。紧接着，1988年11月12日，大庸工委和筹备组在原大庸市委即永定区委礼堂召开了新的地级市全辖领导干部大会，三个县（市）和武陵源风景区的县、处级干部以及从省直机关来的同志参加了大会。会上传达学习了省委有关文件和省委常委会议关于筹建大庸地级市问题的会议纪要，听取了赵杰兵、肖征龙同志的重要讲话和近期工作部署，号召全市人民高举民族团结和艰苦奋斗的旗帜，为建设新型的旅游城市而奋斗。我们几位筹备组成员都坐在主席台上，根据会议安排，我也做了简短发言。我讲到"张家界不仅是闻名遐迩的风景区，更是青年人成就事业的一块热土，要甘于奉献，扎实工作。"这时，主席台上的肖征龙同志打断我的话笑着说，"希望你安下心来，扎根在这里工作。"我当时不知所措，重复了他的话，安下心来，在这里工作。在以后的工作中我深深地感受到，新建的地级市确实迫切需要大批从省直机关和发达地区来的干部和各类人才，当地的干部和群众打心眼里欢迎并企盼这些外来的干部不是镀金的，而是能扎下根来长期同他们奋斗的永久牌干部。

这次干部大会以后，筹备工作全面铺开。紫舞饭店白天车水马龙，晚上灯火通明，大家都忙得团团转，省里已将大庸列为第 14 个地级行政单位，上面的精神要下达贯彻，下面的情况要及时上报，这些日常工作不能丢三落四。额外的工作主要有：干部人事调配、各项计划衔接、与两个兄弟州市主要与湘西自治州在大庸的资产划转，还有重要接待任务等等。当时，电视台正在热播《大决战》中三大战役的电影。有人形容我们筹备组各小组办公室白天办公的场面，就像电影中前线指挥部里面一样忙碌。

我虽然分管的事很多、很杂，但是配备几个助手之后，工作起来逐步有条理了。杨流芳同志从湘西自治州调来任办事处副组长，他工作细致，认真负责，文秘这一块他协助管起来了。张协堂同志在省民族事务委员会工作，写过扶贫调研考察报告《八百里路云和月》，省里领导对此件做过批示，引起了有关方面重视。他被抽调来先在办公室负责文件方面的起草和综合，具体为赵杰兵书记起草过第一次党代会的报告，后来他任市民族侨务局局长。陈岳同志年轻有为，朝气蓬勃，是当时青年骨干的典型代表。他是中国人民大学法律系的研究生，毕业后在省委办公厅工作，来大庸后任秘书科长，为人处世深得大家认可和赵杰兵书记信任。

筹备期间的行政后勤保障工作，搭帮全廷海、汪庭建、李智勇等几位同志。他们都是大庸市的干部，全廷海同志当过副县长，汪庭建和李智勇分别担任过县委和县政府办公室负责人，对当地情况很熟悉，而且办事都可靠，工作相互配合，很顺手。筹备组有什么事情，外地来的同志有什么困难要解决，不论是八小时以外还是节假日休息期间，他们三人都做到随叫随到，而且能办成事。为了搞好接待工作，办事组特地从张家界国家森林公园管理处抽调了李友元同志，他比较熟悉接待套路和风景区的情况，外面来访的客人办完事儿后去风景区旅游，一般都由李友元安排或陪同，重要客人由筹备组领导陪同，市领导中，我陪同客人的机会和次数相对多一些。

　　筹备建市的工作进行两个月以后，工作人员已超过百人了。除了从省直机关来的40多人以外，筹备组又陆续从辖内三个县区抽调了部分骨干，从湘西自治州机关以及相邻的县也调来了少数优秀干部。这些人来自各个方面，为了共同的目的走到了一起，当时许多人来的时候职务也不十分明确，但都明确是干什么具体工作，在赵杰兵、肖征龙同志带领下，大家团结和谐，不谋私利，不分彼此，乐于奉献；当时这种团结奋进的精神状态和艰苦朴素、不骄不躁的良好风气影响至今。我经常看到：赵杰兵同志汗流浃背，有时整天穿着汗湿了的衣服在办公室、会议室工作，当时没有空调，他是北方人，不大适应南方湿热的天气。肖征龙同志经常头晕，一边用手摩擦捏紧颈柱，一边在听汇报，研究工作，等到新的市政府成立后第二年，他才去住院治疗此痛。我还碰到，来筹备组开会而没赶上食堂吃饭时间的向万隆同志，他当时是大庸工委委员、筹备组成员兼桑植县委书记，即使没赶上吃饭时间，也应给他下碗面条，但他不愿给下班的师傅添麻烦，来住地时谎称已经吃过饭了。当我随后去住地看望时，他正在用一杯开水、一个烤红薯、一小碟花生在将就着用自己的晚餐。见此情景，我深为感动，也为自己这个办事组长的工作不细致不到位而有愧疚。

　　筹备组有一位老同志在我心目中的形象十分高大，第一次见面相识，敬意油然而生，他就是常德市政协副主席贾光富同志，经省委同意调来当筹备组顾问，后来任新市委顾问。老贾是慈利人并任慈利县委书记多年，德高望重，在干部群众中口碑很好，因为年龄偏大，他虽然没有担任具体领导职务，但在筹备组乃至以后市委会上的发言和建议，对市里的决策具有重要影响，有时起到决定性作用。他出面陪同上面来张家界的老同志，如中央来的华国锋同志、省里来的老领导万达同志等，比市里主要领导陪同更为得体。尤其是他经常对我们年轻干部言传身教，如针对地方的情况如何把脉、党政机关领导干部如何处理棘手问题等，使我至今受益。我来自省直机关，在筹备组以及后来新市委领导班子中，年龄是最小的。从政过程中尤其面对筹备和新建一个地级市的许多复杂情况和局面时，我更多地表现出年轻气盛、勇往直前，往往过高地估计自己的学识和水平，有时也感觉到自己缺乏经验，历练不够。多么需要并希望有贾光富这样的老同志在方法论上给予教导、指点迷津。我当时也感受得到，大多数人甚至绝大多数人讲好话甚至奉承你：毕业于名牌大学、年轻有为等，也有少数人甚至相当职务的同志在背后专挑毛病议论，一旦发现你工作中的瑕疵，就说你缺乏历练、进入角色慢等。真正从方法论上得到指导的太少了。一是有经验可教，但具有这种胸怀的人少，二是自己忙于具体事务，从方法论的角度讨教少。今天，干部上下交流、跨地区交流的情况很普遍，那些提拔交流的年轻干部，到新的单位以后一定要低调行事，多向有经验的老同志请教，扑下身子，多到基层做调查研究，从方法论上自己悟出办事做人的道理。

调查研究是决策的前提，也是个人历练的基本功。筹备日常工作繁忙，上班时间很难抽出专门时间下基层，我们只好经常在节假日去调研。那时一星期只休息一天，周末，来自两县两区的当地同志大多回家。我们从省直机关来的同志除了在办公室继续加班以外，经常下基层调研，反正家属又不在身边。筹备建市的工作紧张有序地进行两个多月即到岁末年初阶段了，市工委和筹备组要求领导干部下基层访贫问苦。1989 年元旦，假期短，我没有回长沙，也没有休息，便叫上司机去永定区的沅沽坪的谢家垭乡看望生活困难的群众。距离虽然只有 30 多公里，但山区道路坡陡路窄，那天正下雪而且伴有冻雨，沿路有好几辆车溜滑到路边沟里、田地里了。好在司机老王从桑植调来，有雨雪天在山区开车的经验，同时，小车是一辆新吉普，车况好，司机挂上低速挡，缓慢开行两个多小时，终于平安到达乡政府，中午与乡镇干部在食堂庆元旦，下午顶雪步行几公里后到村里走访农户，晚上回乡政府住宿，第二天又到另一村里看望。我这一路访贫问苦，主要是调查研究，了解情况，向基层老百姓宣讲新的大庸地级市即将成立，没有像后来电视上报道的那样，工作人员事先准备好物资、年货甚至红包，当场送给看望的对象。老百姓尤其是少数民族地区的群众对上面来的干部非常热情，天气好的话，他们会自发组织起来，燃起篝火，以少数民族歌舞迎送。

利用节假日下基层，虽然次数较多，但也不是每个周末都这样安排，毕竟年轻人多，兴趣爱好也多，筹备组的领导对此心中有数。有几次周末，赵杰兵书记就带领几个单身汉，驱车去当时尚未开发的天门山脚下野营，同时也实地考察了未来旅游景点，很有意义。现在，天门山风景区已得到系统开发，不仅以天门洞为中心进行过多次飞行穿越表演，而且从市区火车南站附近开始，架了一座长度10多公里、在亚洲都首屈一指的索道，从张家界市乘坐索道只需半个多小时，就可直达天门山上。

地级市工会、共青团、妇联组织也相继筹建，机关也有了相应的组织活动，节假日和八小时以外的活动更加丰富多彩，登山、跑步、歌咏比赛等群众性文化体育活动组织得井井有条，团委书记和副书记李建民还时常组织年轻人去革命老区洪家关等地看望老前辈，进行革命传统教育，受到市里各方面好评。

在筹备和建市初期，我有一个意外收获就是学会了开汽车，当然学会开车的不止我一个人，市委副书记兼纪委书记、组织部长吴松盛也和我前后脚学会驾驶，这得益于赵杰兵书记的支持。虽然现在各地的领导干部会开车的不在少数而且群众见到后也习以为常，但在30年前的湘西、张家界这个地方，支持领导干部学开车是要有勇气的，从这一点来说，赵书记思想是比较开放的。这一本领让我至今享用。按照规定，我这一级别的干部退休以后不配专车了，但我早有准备，今年春节前夕我就买了一辆新车，奥迪Q3，并用打油诗配照片发到微信群里："买个越野迎退休，来日驾它逛神州。"引来点赞无数，现在我经常自己开车外出，但也响应北京市绿色出行倡议，尽量多坐公交车出行。

我学驾驶进入角色很快，第一次手握方向盘的印象很深。那是一天晚饭后，我留下市委机关的司机小田，让他教我学开车。走到车前，小田讲了几句要领便上车，我坐在前座看他示范。行车不到一公里，我便和他换位，手握方向盘驾驶起来，在城里大马路上开来开去，一个多小时以后，自己开着就回到机关，而且得到很高的评价。当时自己年轻，不到40岁，六根反应灵敏，再加上有经常坐车的经历，悟性较好，司机点拨几下，进入角色比较快。此后，开车上了瘾，每逢下乡或出差，待司机开出了城，我便坐上驾驶位开着并时不时听司机教导、提示。自己胆子大，上路后还开得比较快，小车都是手动挡的，有时二挡没换三挡、四挡，就踩油门加速，还闻到后面直冒黑烟，要是自己的车一定心痛。记得我驾驶去过湘西自治州的龙山县，还在桑植县遇到过一次不大不小的险情。我驾车靠边避让超车的货车，但我减速动作慢半拍，车速还较快，眼看要追上前面的自行车，司机大喊："慢点，踩刹车！"我手忙脚乱，只听得车子"嘭"的一声，车身跳了起来颠簸两下，速度慢了下来，只稍微碰了前面自行车后轮。原来是我的车轮压在一块砖头上，也就是说，是这块大砖头挡了一下并使车减速，才没有撞坏自行车，骑车的是一个年轻人，也没摔下来，只是吓了一跳，说了我几句，我也受了。赵杰兵书记知道了此事，提醒要注意安全，并没有制止学车。后来，经过市交警部门派人教我跑了几趟，就算考试通过并发了驾照。后来到长沙、北京工作以后，没有机会开车，也没有办年检年审手续，过了若干年要重新开车时，驾照已过期。这次我与交警没什么关系，也就老老实实进行场内考试、场外开始，居然都考试过关，在2015年又重新拿到新驾驶执照，这说明我当初学开车还是学到了真的实实在在的驾驶技术。当时在初学阶段，本人胆子还是大了一点，开车的速度快了一点，常常使陪同我出差的同事和坐在副驾驶上的司机很担心。有一次我坐市监察审计部门的小车去长沙，与张贤易局长同车同行，路上我开了近300公里，快到长沙时才与司机换位。下车与张贤易、与司机握手，他俩手心都是汗，可以想象，我开车一路，技术已基本掌握，而且能处理复杂路况，但他俩见我是新手，又是领导，坐在车上心里不踏实，又不好说什么，手心捏着一把汗哪！领导学开车，要掌握车上人的心态。

人生之路很漫长，年轻人的成长尤其是青年领导干部的历练，没有现成的模式和预先设计好的套路，只能脚踏实地，努力奋斗，开拓进取。

梦在远方，路始脚下。

五　历练无处不在

经历五个多月的紧张筹备，大庸地级市于 1989 年 3 月 11 日至 13 日召开了第一次全市党代表大会，会上我被选为市委常委，随后担任市委秘书长。紧接着这年 7 月 22 日至 27 日，市里又成功召开了第一次市人民代表大会，我被选举为副市长并明确为常务副市长，随后不再担任市委秘书长的职务。张家界的改革开放和发展，迎来了新的历史性机遇，我也开始了一段不大不小的行政领导干部的职场打拼。

（一）

说起大庸市第一次党代会，还有故事呢。大会结束的那天选举新一届市委，结果刘国基落选。要知道，他已是省委任命的大庸工委委员和筹备组成员，而且是经省委批复的新一届大庸市市委常委候选人，结果连市委委员都没选上，其影响可想而知。他是原大庸县级市的市委书记，当时改任永定区委书记，而其他三个县（区）的书记都顺利当选市委委员。大会公布市委委员的选举结果以后，永定区的部分党代表接受不了，有的流泪哭了起来，而且不愿离开会场。这时，赵杰兵同志沉着冷静，与肖征龙同志一起去做工作，市委组织部及时将情况向省委组织部门汇报。接下来市委委员开会选举产生了第一届市委书记、副书记和市委常委，以及市纪委领导成员。刘国基同志难以接受自己落选的现实。大会刚结束就来找赵杰兵等领导同志诉苦，说自己不便继续在永定区工作等，还到我住的房间，没讲几句就哭了起来。赵杰兵书记在认真思考下一步的干部问题，他送走刘国基以后对我说，"作为预案，你做准备去永定区兼任书记。"我一点思想准备也没有，一下子不知道如何回答，只是下意识地"嗯"了一声。后来，新的市委对永定区主要领导进行了调整，永定区区长张金华接替刘国基，任区委书记，他在第一届市人代会上当选市人大常委会副主任，这样，四个县（区）的书记都进了市级领导班子，大家的心里基本平衡。湘西自治州监察局局长张宏任调来任永定区区长。这样一来，永定区的班子也调整到位，上下都比较满意。

从刘国基同志落选这件事，新成立的市委一班人从前因后果等许多方面进行了研究，并分析了隐藏的深层次的问题。在市委、市政府工作的指导思想战略部署上，更加突出民族团结，更加重视党建工作和思想、政治、文化建设，强调行政区划的统一只是形式和契机，根本上要做到全市市民尤其是领导干部人心统一到新市这个大家庭。来这里的朋友和游客慢慢发现了一些新的可喜变化：风景区统一管理、统一宣传、不重复买票，整体印象好多了；从常德市的桃源县进入慈利县交界处，过去看到横悬马路的招牌上写着："进入慈利，欢迎您来索溪峪"，现在改为："进入大庸市，欢迎您来武陵源"。桑植县在名称上改得更为彻底，除了大街小巷的单位名称招牌上都在桑植县三个字前冠以"大庸市"，有的还特意写上"大庸地级市"几个醒目的大字之外，就连跑运输的汽车门上都重新裱上"大庸市桑植县某某运输公司"的招牌。

　　说起桑植县，这里经济条件虽然相对差一点，但本人情有独钟，经常来县里调研，八大公山、新街煤矿、琶茅溪乡镇等偏远一点的地方也都去过。我还乘坐小木船，从桑植县城附近上船，沿澧水考察过贺龙电站和鱼谭电站的部分水域；还从㑇湖乡沿毁坏的山区小路经赵家垭步行至慈

作者于 2007 年秋天在县委、县政府负责人陪同下参观桑植县城的绿化美化工程

利县赵家岗乡政府。可惜没有留下上述工作中的有关照片。2007年秋天，东方资产公司在张家界开会，我从自己主持的会议中抽出时间到桑植县城周边参观，照片中的自己有点过去的派头，只是比当年在此工作时发福了。

（二）

我兼任市委秘书长只有几个月时间，而在常务副市长的岗位任满一届即5年。实际上，我任市委秘书长只是一个过渡，当时自己也清楚。在地方工作过的同志都知道，党委成立或换届在确定本身班子的同时，会对其他几大家的领导成员进行通盘考虑，也就是内部对政府、人大、政协和公安、检察、法院等领导已大体上有安排方案，个别成员在事前有所调整或补充。所以我即使在任市委秘书长时也注重政府的有关工作，赵杰兵、肖征龙两位领导也支持帮助我介入政府事务。新的市政府成立以后，肖征龙市长很放手，让我大胆处理政务。向万隆、谢凤龄、杨守彩、严高明等几位副市长虽然排序在我后面，但他们在地方党政机关工作多年，经验丰富，为人谦和，经常给我帮助和补位，我们在市委领导和市长带领下，配合默契，工作起来顺心顺劲。

先后协助我工作的市政府几位秘书长，即包树珣，刘德美、周元庭等同志给了我很大的帮助。包树珣是省农业厅的处长，随省直机关抽调的大部队来参加筹备，随后任市政府秘书长。他为人正派待人诚恳宽厚，说话声音洪亮，嗓门大，但办事低调，工作细致。他又与当时湖南政治明星、优秀的市委书记曹伯纯有亲戚关系，我们也以他为话题经常交流一些地方工作的经验和做法。工作满两年后，包树珣调回农业厅任副厅长，后来又升任省供销社主任。1989年11月，湖南省辖八个地、级、市的市长联席会议在武陵源风景区召开，长沙、株洲、湘潭等几个市的市委书记也应邀出席会议。与会人员到全市主要景点和城区进行了考察，大家对接待、安排十分满意。这次活动就是包树珣同志具体负责组织和接待。

周元庭同志是从部队转业到武陵源区委工作，然后调到市政府来任副秘书长，主要协助我工作。他是军人出身，政治素质好，为人正派，处理事情果断。后来，他任过市财政局长、市政法委书记。他任市政协主席期间，我几次随同全国政协来调研，相互接触较多，留下许多难忘的记忆，包括他一展歌喉，唱出比肩专业歌手的歌声的场景。当然，周元庭端起酒杯，也能喝倒不少好汉。

刘德美同志是帮助我工作时间最长的秘书长。他在湘西自治州政府副秘书长的岗位工作多年，经验丰富，办事干练，号召力强，熟悉文秘、接待、后勤、材料综合等各方面的业务，来大庸以后在秘书长的岗位干得很出色，不仅很好处理市政府的日常事务，为市长做好服务保障，还具体协助我工作。一些重大事件如张家界机场修建过程中的矛盾和纠纷，就是刘德美同志协助我有效处置并及时化解的。当然，他手下也配备了一些得力干将，如政府办副主任龙启厚以及能把好一摊的陈美林、汪业元、陈善怀、张作刚、李凌、赵华湘、皇甫夏军、李步群、沈维敏、易继强以及黄瑞彬秘书等优秀年轻干部。易继强、卜茂华同志文笔很好，经常帮助起草市政府的文件材料。刘德美同志家风很好，妻子贤惠，两个孩子勤奋好学，并先后考取清华大学，在当地传为佳话。

大庸地级市即张家界新建的市，机构精简，人员精干，每个单位的干部配套都大大少于其他地级市。政府办公室的同志一人顶几个人，大家互相帮助，密切配合，团结、紧张、和谐，办事效率很高。正是依靠这些同志，我的工作才比较顺手，才很好地按市长的要求做了点实事。

（三）

1989 年 7 月的第一次全市人民代表大会上，我当选为第一任常务副市长，主抓全市旅游工作。旅游是张家界的主要行业，接待四方宾客、倾听游客呼声、呼吁更新观念、提高服务质量，成了我上任后经常要处理的事项，是日常工作的一个重要部分。工作中让我深切感受到，张家界尽管有独一无二、世界一流的自然风光，但由于开发时间不长，对游客开放也是近几年的事，很多方面还不能适应旅游大开发的需要。这里的人们观念跟不上、基础条件落后、服务质量不高，存在诸多问题，而这些方面的改变，既需要时间，更需要大胆地改革和创新。

1990 年 8 月 20 日，我曾经接待过一个日本代表团，并宴请了他们。

这个代表团考察了张家界正在筹建中的武陵大学，有资金援助计划，当时，日本国际协力事业团来张家界，就无偿援建武陵大学 10 亿日元资金项目进行考察论证，经过会谈后，在上级政府的协调支持下，达成援助协议，重点在教学仪器设备方面给学校一些资助。第二天即 8 月 21 日，日本代表团回请东道主，并委托张家界接待办安排菜谱，特意交代标准不能低于市里宴请的标准，接待办的人说一桌 600 元，他们没有多问，还以为是美元，说那好，按一桌 600 美元准备吧。这下可让接待办的人为难了，怎么筹备这么多高档菜肴呢？张家界当时还比较落后，海鲜也少见，野味虽然有，但那是违禁的，根本不能考虑，想来想去，提出搞一个烤乳猪吧。因为经常要接待外宾，尤其是香港、澳门、台湾来的客人，张家界当时偶尔有酒店推出这个菜，一打听才知道，烤的乳猪是从外地运过来的，不预先采购还没有。因为时间紧，接待办的人只好在张家界本地找，从上午找到下午，好不容易找到一个农户家里有乳猪，刚生下来不久，这下接待办的人才松了口气，赶紧给农户商量买乳猪。农户一听说是买去烤着吃，一下就急了，还骂了起来："没有良心啊，要吃也等猪长大了再吃啊！"接待办的人赶紧解释，乳猪就是吃奶的猪，吃糠咽菜就不是乳猪了，人家客人就要吃这个。"这样吧，你按大猪的价格卖给我，按 30 斤的重量卖给我行不行？"双方争来争去，农户死活不干。没办法，接待办的人只好把村里的支部书记找来，请书记帮忙做工作，好说歹说，嘴皮子磨了好半天，农户才同意卖。回请时，日本客人对宴席的筹办很满意，对烤乳猪这个菜也很赞赏，这个夹块耳朵照张相，那个夹块猪皮也照张相，高兴得不得了。席间，我看到日本客人兴高采烈的样子，既高兴又很有感慨，接待办的工作虽然做得很到位，但这里人们思想观念的落后也由此可见一斑。这个例子我还在一次会上讲过，以提醒干部，更新思想观念还有大量的工作要做，还要进一步解放思想。

说到接待宴请，我还想起这样一件事。张家界乃至整个湘西也包括南方的很多地方，冬天有吃狗肉的习惯，一到冬天，狗肉也是宴席上常有的一道菜。一次，有德国官方背景的一个投资商到湖南考察，考察期间利用休息天到张家界游玩，省里头也有人陪着来了。在宴请德国客人时，按平时接待内宾的习惯，照例上了一盘狗肉。席间，我热情地请客人尝尝张家界的特色菜狗肉。这位德国客人客气地点点头，看着狗肉，也没显得不高兴甚或厌恶，就是不往里伸筷子、刀叉，问怎么不吃狗肉啊，客人说话了，笑着说，我家里的狗有时淘气拿它没办法，回去之后，它再淘气就跟它说："不听话就把你出口到中国去，让他们把你吃掉。"我开玩笑地接了一句，这里倒是经常有"洋狗子"来。

现在回想起来，当时是不应该上狗肉的，尤其是在接待外宾的时候，要了解并尊重客人的饮食、生活习俗，因为很多国家是不吃狗肉的。所以说，旅游地区思想的更新、观念的更新，是通过方方面面体现的，也是要从点点滴滴做起的，确实有很多地方要改进提高。后来我到新加坡、马来西亚访问，不仅仅是为招商引资去的，也是为了学习取经去的。

（四）

针对思想观念落后、基础设施建设落后等诸多问题，我在很多场合经常呼吁，要进一步解放思想，大力发展旅游事业。在旅游区的建设上，我提出了"旅游区是时代的模特儿"的观点，认为旅游区从建筑的设计、环境的整治和思想观念的更新，都应该站在时代的前列，顺应潮流甚至引领潮流。比如建筑的设计，仿古不能说不现代化，高楼也不能说就是现代化，既要有民族的、地域的风格，也要有现代的元素、现代的气息。

在一次全市旅游工作会议上，我在会上讲了话。我说，张家界有世上罕见的旅游资源，但旅游事业发展并不快，究其原因，除了基础设施和交通条件等客观因素外，主要是思想不够解放，许多陈旧落后的观念和意识束缚着我们的头脑。例如，社会上许多人把旅游等同于吃喝玩乐甚至与资产阶级生活方式挂起钩来，一些领导机关的同志至今还把旅游宾馆等接待设施不加区别地当作楼堂馆所限制发展，旅游区及其周边的市民对游客的高消费看不顺眼，等等。就我这个分管旅游的负责人来说，也有一些旧观念，比如过去对旅游资源的商品属性认识不深，因而工作上只重视接待来宾，不注意向来宾推销，很少走到外面去推销。基于这些认识，我们要组织全市旅游行业和其他有关人员进行解放思想的大讨论，破除那些落后的、陈旧的观念，把旅游作为新兴的朝阳产业加快发展。

在强调解放思想的同时，我在会上还指出，现阶段影响旅游事业发展的主要矛盾是交通状况落后，因此，必须集中人力、物力、财力，从根本上改善旅游交通条件：一是尽快修好飞机场，争取早日通航；二是改造张家界火车站，争取增开张家界至广州并延伸至深圳的火车、增开张家界至北京的车次；三是争取修建桃花源至大庸、宜昌至大庸的高等级公路，为游客进入张家界打开新的便捷通道。我特别强调，要大力开发具有地方特色和优势的旅游项目吸引游客，要在突出张家界的个性上做文章，城区、风景区、旅游线路沿线的建筑物要突出民族特色，从外土内洋上体现现代化；接待、服务人员要穿着民族服饰，饮食也要开发地方菜肴；风景区内的建筑，如休息室、服务网点和规划中的索道、升降梯，要以不破坏、不影响自然景观为原则，越隐蔽越好；多组织民族歌舞来丰富夜间生活，不要到处都模仿大都市的卡拉 OK；在索溪峪开阔地带引进资金兴建湘西民族大观，将土家族、苗族的生活情景集中体现在一个风景点，吸引游客。

当时市委、市政府集众人智慧提出的一个个设想和绘出的蓝图，如今都变成了现实，至今还发挥着很大的效应。我分管张家界旅游工作期间，也参与并主导了一些项目的招商引资工作，主要是景区建设的项目、为景区配套的项目，如张家界的几个索道，还有天梯，我参与了很多前期的基础性的工作，在我离任后陆续建成了。张家界森林公园中的天梯，曾是一个颇受关注也引起较多争议的项目。当时提出这个设想，主要考虑张家界是峡谷风光，悬崖峭壁是其景观特色，能不能通过附着峭壁建升降观光电梯替代索道呢？时任大庸地级市市委常委、接替孙凤鸣任武陵源区委书记的邓德芳贡献很大，他担任过永顺县委书记，有经验，敢担当。在他的具体领导下，北京百龙集团被选定为设计和承建单位，他们通过选址、设计、建设，把它建起来了。只是建成时，我已离开张家界了。但天梯建成并对游人开放后，引起了有关环保方面的广泛关注和争议，有否定的，也有肯定的，众说纷纭，莫衷一是。

对这一争议问题，我也有自己的看法。我认为，总的来看还是不错的，因为自然的生态环境中，允许有一些改造，使其价值能够更多地得到体现，而这并不会破坏其整体的环境。由张家界国家森林公园、索溪峪风景区、天子山风景区三大景区构成的武陵源风景区，很多人习惯性地称为张家界风景区，其实有 360 多平方公里，绝大部分是进不去的，事实上很多地方游客无路可进，更别说在里面建索道、天梯了。而目前开发的一些地方是给游人看的，必须有一些现代的设施为观光提供方便，但这些现代的设施应该尽量少破坏自然景观，而垂直天梯恰恰能做到少破坏，与索道相比，索道的破坏性还大些。索道是一条斜线，一般至少有两公里长，要建很多支撑点，占用的空间更多，而垂直天梯占用空间就少很多。所以生态平衡既有自然的生态平衡也有人工的生态平衡，张家界大部分地方还是人迹罕至的。国外的一些自然保护区、风景区也是这样，也要修路、建索道，非洲的野生动物园，也有汽车在里面工作，有些地方因为没人去管理，遭到一些不法分子的破坏，反而更加保护不了。

在张家界机场建设的过程中，因为敢于担当，我还做了点实事。机场的建设由市政府谢凤龄副市长分管，我们俩配合很默契，他在外出差跑项目，我就顶了上去。那是 1993 年的全国人大、全国政协"两会"期间，市委市政府的一把手都不在家，一个在北京开会，一个出差了。当时张家界机场已经建了一半了，工地上仍在紧张施工，但一些村民因为拆迁补偿问题堵住了推土机，机场被迫停工。机场征地拆迁的户主认为，当初给他们的补偿太低了，曾多次小规模"闹事"，"两会"期间则出现了大规模的抗议，加上围观看热闹的，有好几百人。一些人围堵政府大门，一些人在机场堵住推土机，市委市政府的领导赶紧碰头研究对策以平息事态。多数意见是先停工、先驱散人群、再商议对策等等。但我认为事不等人，不立即妥善处理就有可能酿成大事，并主动提出亲自去机场处理。因政府大门已被封堵，市政府秘书长很得力，挺在我前面应对，永定区的杨次伟等领导在施工现场控制事态，我从办公室后窗出来，走侧门出市政府大院，驱车赶到了机场工地。在机场未成形的跑道上，在用两张桌子摞起来的临时讲台上，我站在上面用扩音喇叭跟村民对话，向他们阐释了修机场对张家界发展的意义，阐述聚众闹事将造成的危害。我越说越激动，连续用了五个手指拍胸脯想想来发问，你们拍拍胸脯想想，不修机场远途旅客尤其是外宾有谁到旅游区来旅游，不修机场谁到旅游区投资，不修机场谁到旅游区来消费，不修机场没有人来旅游消费你们还怎么做生意，不修机场张家界如何加快发展，领头闹事的是何居心，真的跟你们的想法一样吗？我动之以情、晓之以理、苦口婆心、有理有节，还回答了村民的一些提问。最后我说，3 天之内，请你们推举代表，市委市政府将与你们协商，给你们满意的答复。讲完后，村民们看我讲得实在，也很诚恳，还有承诺，陆陆续续就散开了。

第二天，在与村民代表交谈、协商的过程中了解到，村民们的要求很简单，就是要招工、要补钱，因为征地拆迁了、没工作了，要求必须安排工作、必须补钱，除此之外不谈。对村民们的这一要求，市里认为还是有合理的部分，因为拆迁补偿刚结束不久，邓小平 1992 年南方谈话发表，各地发展加快，许多地方掀起了房地产开发的高潮，房地产价格不断上涨，而当初机场拆迁补偿金额确实偏低。我根据村民反映的情况，要求市有关部门和永定区政府对拆迁户的情况重新进行排查，发现其中有十来户确实需要安排工作和补钱，因为这十来户有的是五保户、有的是残疾人，还有的是弱势人群，其他几百户都是不应该补的。于是决定 3 天之后，对这些应该给予补偿的立即兑现，而且要用现金兑现，同时通知公安局暗中采取保护措施，出现问题马上处理，提前预判可能有的突发事件。果然，在这些得到补偿的村民拿着钱高高兴兴回家的路上，一些人就跳出来了，先是挑事："老子在这里闹，你们得给钱，这个钱是分给我们的，我们要得大头，你们只能得小头。"这些拿到钱的人不干，他们就抢。公安局便衣马上出来抓人，抓了七八个半路抢劫的人，被抓的人服服帖帖，整个事情也就平息了。书记市长回来后，这起事件也处理完了，市里、省里都很高兴。在处置机场修建过程中的群体事件，永定区委书记刘家望、区长杨次伟亲自到施工现场协助指挥，区政府符文周副区长和办公室主任何其国等很得力，会做群众工作，这是最后解决问题的关键。我这个来自省委机关的年轻干部更多的得到的是历练。

城区尤其是风景名胜区的环境整治和拆迁违规建筑是很难处理的工作。为了整治好武陵源风景区中的水绕四门景区，我就去现场办公多次，也留下了工作照片。

1991年夏天，作者（左5）陪同陈彬藩副省长（左4）察看拆迁、整治过的水绕四门景区

其一：首届张家界国际森林保护节的主题口号："地球呼唤绿色　人类渴望森林"，特书以纪念。

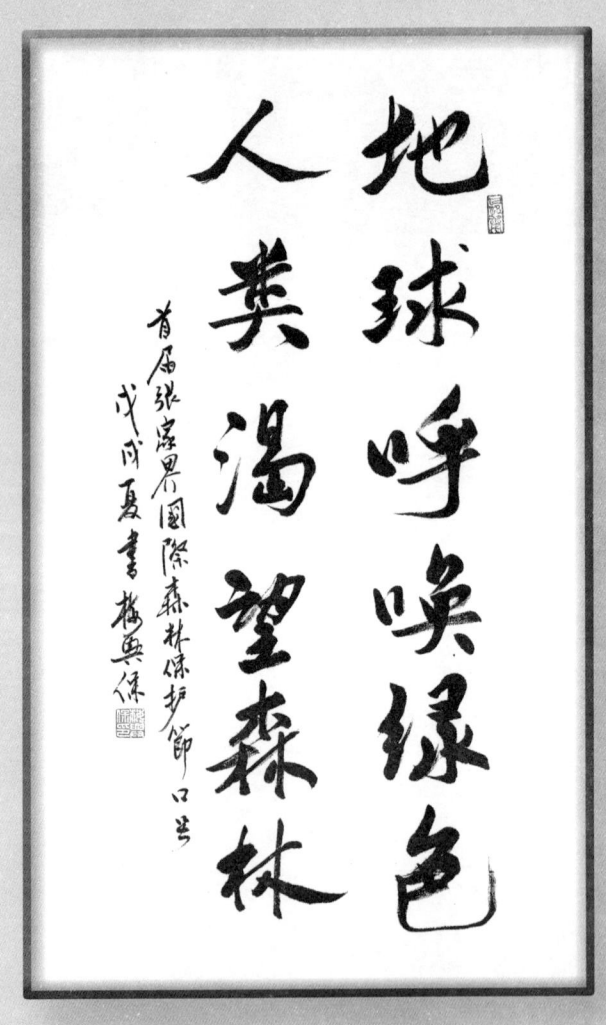

其二：1992 年 12 月 7 日，联合国教科文组织世界遗产委员会批准将张家界市的武陵源自然风景区作为世界自然遗产列入《世界遗产名录》。英文名录证书称：

"世界遗产委员会已将武陵源风景名胜区列入世界遗产名录。列入此名录说明此处自然景观具有特别的和世界的价值，因而为了全人类的利益应对其加以保护。"

一九九二年·十三月七日·联合国教科文组织·世界遗产委员会批准·将张家界市的武陵源自然风景区作为世界自然遗产列入《世界遗产名录》。其证书上写着：

世界遗产委员会已将武陵源风景区列入世界遗产名录。列入此名录说明此处自然景观具有特别的和世界的价值，因而为了全人类的利益应对其加以保护。

录自联合国教科文组织颁授给武陵源风景区的证书

二零零年八月书　杨典保

六　在组织国际森林保护节和申领『世界自然遗产』的日子

在张家界扩大开放和发展国际旅游的过程中，有两件大事具有标志性意义，这就是举办张家界国际森林保护节和申请并获得世界自然遗产称号。我在市委领导和肖征龙市长的安排下具体组织协调这两项工作，并单独处理和协调解决日常工作中的困难和问题，留下了许多难忘的记忆。

（一）

张家界自举办了首届国际森林保护节开始，名气越来越大，很快成为国内外炙手可热的旅游目的地，来来往往的游客络绎不绝。随后，张家界也加大了对外宣传的力度，制作对外宣传片在海内外宣传推广张家界。有意思的是，在张家界对外宣传的片子中，出现在片子中的市领导只有我一个，连书记市长都没有。我说，我是沾了外国人的光，沾了分管旅游的光，沾了张家界获得世界自然遗产名录的光，不然也不会上镜头。因为这并不奇怪，作为对外宣传推广旅游的片子，自然以展现美丽的自然风光为主，不用主要领导人出镜太正常了。

张家界首届国际森林节是由湖南省发起、张家界负责承办执行的。1990年11月2日，张家界宾馆，湖南省辖市第8次市长联席会议正在这里召开，陈彬藩副省长在会上第一次提出，在张家界国家森林公园举办国际森林保护节。这一建议引起了省委书记熊清泉、省长陈邦柱的重视，并得到了国家林业局、国家旅游局的大力支持。很快，省政府的决定宣布，决定在1991年11月8日至11日在张家界森林公园举办中国湖南张家界国际森林保护节（简称森保节）。1991年初湖南省森保节组委会、大庸市森保节执委会相继成立，组委会的领导由省政府领导出任，执委会主任由肖征龙市长担任，我出任组委会副秘书长兼办公室主任，担任执委会副主任，为首届森保节的成功举办做了很多具体而又细致的工作，协调处理了森保节筹办过程中的许多事项。森保节提出的节日主题"地球呼唤绿色、人类渴望森林"，成为当时的响亮口号，也是张家界国际森林保护节的主题。

举办国际森林保护节的重头戏是组织好开幕式和大型团体文艺表演，这在当时的大庸市，其难度之大，超出想象。这里既没有体育场，也没有体育馆，场地只好定在市区的大操坪，这是以前对罪犯开宣判大会和群众集会的地方，别无选择。

装修布置场地着实费了些工夫，永定区的刘家望书记、杨次伟区长组织干部群众想了很多就地取材、简便易行的好办法。除了场地平整和整治周边的违章建筑、解决脏乱差问题之外，彰显绿色环境和营造森林景观的措施和办法令人耳目一新。表演场地的许多地方和周边空坪隙地要用绿草覆盖，可是大湘西这地方有草，但这里有的只是杂草，粗细不同、高矮不一，生长快慢不一样。当时也没有种草的专业人士和剪草机械，难以在规定时间即11月初形成绿色草地景观效果。11月8日已立冬了，在湖南是深秋季节，要在场地周边铺上绿茵草，除非从大城市绿化机构或高尔夫球场调运来，别的办法很难奏效，但是，我们就是做到了，而且效果很好。永定区政府的同志请来种小麦的农民，将开幕式的时间告诉他们，让其整地、施好肥，按时播种。开幕式那天，绿色草坪的效果，让观众席上的嘉宾根本认不出这是抢种的小麦，有人尤其是境外客人还真的以为是进口草呢！

在开幕式森林景观的布置上，我们搞了一个"以久代临"的植树造林小工程。从事建筑和房地产的同志都知道，有的建筑工地和房地产项目，为工程或招商需要，在确定规划好的地点建一个设施起应急作用，其应急使命完成以后不撤除，继续永久使用，这就是"以久代临"工程。有商品房小区的售楼处建得非常壮观坚实，售楼任务完成以后，便成为小区的会所或其他公共服务设施。受这一思路的启发，森林保护节执委会决定在开幕式场地周边主要是主席台对面的开阔地带，首先进行小型森林景观设计，然后按设计要求选择大小、高矮不一的树种，有灌木，也有乔木。大庸是山区，各种树木应有尽有，老百姓听说森保节场地需要植树，都二话不说，积极捐赠，有的也只是象征性地收了几个钱。很快，开幕式场地一侧形成了一片森林景观。开幕式那天，"地球呼唤绿色，人类渴望森林"十二个大字横向装饰在这片人工森林前排大树丛中，格外引人注目，烘托了森林保护节的主题，引来一片喝彩。只是观众和游客并不知道：这里原来杂草丛生、垃圾遍地，到处堆满废旧和破烂物品。的确是这样，国际森林保护节的举办，使大庸市的基础设施建设和城市文明建设大踏步地向前推进。

（二）

　　森林保护节的开幕式活动中，最难也最为出彩的是大型团体操即文化活动表演。永定区澧滨小学的数百名小学生挑起了大梁，开始我有一些担心。可喜的是，校长很能干，编排了一套有少数民族特色的歌舞，加上开幕式那天天气晴朗，表演效果很好，给了来宾一个惊喜。专程来参加森保节的国家领导人有时任全国人大常委会副委员长廖汉生同志，林业部长高德占以及建设部、国家体改委、国家旅游局等部门的有关领导同志，还有省委书记熊清泉、省长陈邦柱、省人大常委会主任刘夫生等领导。廖老是桑植县桥自弯人，与贺龙元帅老家洪家关只一山之隔，年轻时，经贺龙介绍，与贺龙同志二姐的女儿结为夫妻，可惜这位革命的妻子在大革命时期将廖汉生送上长征路之后，就再也没有音信了。廖老有很重的家乡情结，看完开幕式表演，称赞不已，开幕式结束之后，也没到风景

首届张家界国际森林保护节开幕式上大型文艺演出

区巡游，而是在省市领导的陪同下到桑植老家等地考察去了。这届森保节是一次融旅游、科技、经贸、文化、环保于一体的盛会，来自 16 个国家和地区的 800 余名外宾，包括日本、马来西亚、澳大利亚等 8 国驻华大使参赞，以及来自全国 22 个省市自治区的 5000 多名客商参加了这一活动。

　　我是这届森林保护节开幕式的现场指挥，表演场上的惊险一幕，让我至今难以忘怀，更让现场的所有人也包括在电视机前观看现场直播的人提心吊胆。原来，开幕式的表演中，安排了一个有大庸特色的土家族青年进行硬气功表演，具体项目包括：标枪刺喉，即表演者发气功后用喉咙顶住尖刀直至将木质枪杆顶成弯弓状；肚压尖锥转圈，即发功后俯卧在一把尖刀上用肚脐眼上方压住尖刀，整个人伸开四肢呈平面转圈；肚

1991 年 11 月 8 日，作者在首届张家界国际森林保护节开幕式现场

上破石，即人躺下，肚皮上压一排钉刺，钉上放置一块石板，发功后任凭壮士挥锤砸石，直至将石头砸破；头撞巨石，即在地上放置一块岩石，通常放的普通砂岩片石，也有放置石灰石的，壮士发功后快速行走几步即用头将石头撞破。以上表演经常在市里各种活动中进行，均获得成功，尤其是在接待重要客人的场合，他们常去表演引得满堂喝彩。表演硬气功的壮士，也有年长一些的师傅，过去他们生活在农村，城里有需求时临时请他们来表演。旅游业发展起来以后，表演经常进行，这些人也有了收入，便住进城了，而且在城里招收徒弟，平时开展训练，但收入不稳定，他们希望能招为正式工人，成为市里的专业表演团体。大庸地级市成立以后，经主要领导同意，由我签字经办，将这批人集体招工进行了安排，平时发基本工资，他们表演有收入了，可以补充工资不足，这个表演团队在财务体制上叫"差额拨款单位"。我与气功表演团队中的多数人都认识。记得在他们被批准招工后不久的一天早晨，我推门外出锻炼，只见一个壮小伙扑通一下双手合十跪在面前，让我吓了一跳。原来是硬气功队的一名队员，说是前几天已拿到招工通知，他代表全体同仁迎着朝阳、上门向我表示感谢。

　　森保节开幕式上的大型表演伴随着《相逢在张家界》的主题歌悠扬动听而又具有民族特色的音乐进行得很顺利。轮到硬气功表演了，前几个节目也都很成功，表演"头撞石头"时，险情出现了：也许石头选得过大，因为场地大，石头小了太不显眼，也许是石头材质过于坚硬，事先研判不到位，也许是壮士发功时过于紧张，因为他从来没有在如此高规格、隆重热烈、壮观的场景表演，以至于爆发力不够或稍有超前抑或滞后一点点，小伙子拼尽气力往石头撞去，石头只撞摆了一下，没有被小伙子的头撞破，等于第一次表演没有成功。这时会场嘘的一声，大家紧张起来，主席台上的领导也凝神关注，下一步怎么办。我站在主席台前排边侧，更加紧张。这时，小伙子用手摸了一下石头，往后走了10多步，又在发气功，并随后又用头往石头撞去，结果还是没成功。场上气氛顿时更为紧张，主席台上好像有陈邦柱省长的讲话声了，小伙子还往后退几步准备发功，我从主席台上跳下，快步走上前，立即制止了气功表演，让小伙子回原地休息。小伙子嘴里说，我还要去撞，大不了撞死在开幕式表演场上，这个话只有

我知道，自己庆幸果断下来制止，否则继续表演下去的话，真有可能闹出
人命，这不仅让市里也让省里领导没法交代。事后细看，主要是这块石头
过大，而且材质异常结实，石头里面有黑色花纹，一般人用锤砸破都很
费劲。后来，大家都觉得制止头撞石头的表演是必要的，当时已让许多人
捏了一把汗。中午省委办公厅的同事给我打电话说，他们看现场直播到
这个场面，都在电视机前叫了起来："不要用头撞了，快去制止！"看到
我下去制止，大家才松了一口气。想起此事，我去表演现场制止很及时，
是对的。但是，我作为现场指挥和森保节执委会的具体负责人，在选择表
演项目时考察不周、检查不细，以致出现如此险情，想到这里，应深深
自责！

　　开幕式大型表演有惊无险，总算成功，从北京和省里来的领导都给予
了肯定：有气势、有特色，不铺张浪费，陈邦柱省长连连称赞并交代我们
要好好总结一下。是的，除了领导重视等经验之外，许多感人的故事尤其
应该总结。春耕大忙时节，永定区教字垭一农妇提着 20 个鸡蛋，跑几十
里路找到组委会办公室，替上中学的儿子为森保节募捐；参加开幕式表演
的共有 3000 多人，排练《苗鼓舞》的 150 名女演员中，有 5 位因劳累而
流产。这样感人的事例，节后都进行了总结表彰。熊清泉书记见到我们说，
"开幕式成功，等于整个森保节已成功了一半，我就让慈利县委书记张
宏任陪同，去县里调研，你们陪好北京来的领导和客人。"据说熊书记
除了考察县域经济和农村情况，还特意询问了解了市里有关领导干部的
情况。

　　整个森保节日程紧凑，内容丰富，经贸洽谈会、国际生态林业学术报
告会、中国友好观光年的奇山异水游首游式以及慈利县水利枢纽开工、
鱼潭电站工程截流、张家界至广州特快列车开通等多项活动穿插安排。
张家界机场的开工仪式于开幕式结束后在施工现场举行。机场开工的标
志是跑道和航站楼开工，因张家界机场受投资规模控制，航站楼很小，
而跑道是按设计满足波音 737 飞机满载起降和波音 747 减载起降的标准
确定。实际上，机场工程早已于这一年的 7 月 4 日开工，在国际森保节
期间正式开工，目的是便于请到国家领导人等许多领导来到开工现场，
这对扩大张家界的国际影响、提高知名度很有帮助。令人没有想到的是，

飞机场的开工仪式上也出现了令人尴尬的一幕：主持人宣布"开工！"紧
接着，机场建设指挥发出指令"点火、爆破"时，装满炸药的山头爆破
点居然没有一点声响，也许哪一个环节工作没到位，是炸药问题？雷管问
题？导线问题？反正哑炮，没有响。不过关系不大，既没有众多的观众，
只有1000多人，也没有电视现场直播。只是给施工的部队领导和现场指
挥的同志丢下面子不好看。事后留下了笑料一则。好在现场指挥机灵应
变，指挥挖土机在另一个方向开动起来，铲土开工。承担张家界机场施工
建设的是空军工程第十总队，这是一支有多个机场建设经验、敢打硬仗、
特别能吃苦的队伍。当时，选择机场建设的施工单位时，市里采取了比

1993年12月26日，作者主持张家界荷花机场通航仪式

较公平合理的招投标办法,我亲自参加了几家施工单位的议标,最后,空军工程十总队击败中建二局等单位而拿到了该项目的施工。这次开工典礼上的失误只是一个插曲,在后来几年的建设中,施工单位精益求精,创造了优质工程,并于1993年12月如期建成并通航,我主持了这一具有历史意义的通航仪式。

(三)

这次张家界国际森林保护节给我带来许多收获,除了得到表扬之外,还迎来了贵宾,收获了几件值得纪念的礼物。根据森林保护节组委会的要求,我们统一拟定了请客名单,按照归口陪同接待的原则做出安排,来宾都比较满意,表示要将这里的美好记忆带回去让家人分享。另外我在统一的名单之外,单独邀请了中国人民大学的老师和同班同学,前文已述,我在大学毕业时就知道了张家界并在联欢会上向老师、同学发出过邀请,想不到9年之后践行了诺言。结果,老师没来一位,同学来了7位,加上我,共有8位同学在毕业九年之后欢聚在张家界。我们这些大学同学当时正处在各自事业蓬勃向上的时期,大多在体制内即党政机关和科研教学单位上班,能远道而来已实属不易。比我年长的同学有老班长赵荣超,他当时已是辽宁省统计局农村调查队的负责人,后来当上省统计局长,这次特意带来了新鲜的东北人参,我一个人在大庸生活,加之也年轻,不会消费,便带回机关分给了同事。比我年龄小得多也是全班年龄最小的同学漆腊应来了,还带着年轻貌美的夫人光临,给我们同学团聚增添了一道亮丽的光彩。漆腊应当时在湖北武汉金融高等专科学校任教,后来任教务长。该校与湖北省经济管理干部学院合并组建湖北经济学院,漆腊应先后任副校长、校长,才华横溢。他的夫人是湖北省人民医院生殖遗传中心的医生,专攻男女不孕症等时尚医学。我们一起聊天,得到许多有关人类遗传科学以及如何进行人工授精,帮助解决不孕夫妇怀孕生小孩的难题,同学们都感兴趣。我们大庸市机关同事中年轻夫妇是否有这种需求,想来想去没发现一对。原来,这里的女同胞都会生小孩,比大城市的姑娘在这方面能干、内行多了。

来参加森保节的同学中，还有顾益康、张军东、蔡昉、范建平。蔡昉当时是中国社会科学院的研究员，多年来一直潜心研究农村经济和人口劳动经济，年轻时就当上了人口与劳动经济研究所的所长，他的学术著作颇丰，社会影响很大，不仅在国内而且在国际上都有很高的学术地位，可以说他是中国人民大学毕业的学生中，目前学术研究地位和影响最高的少数几个之一，现在虽已年过六十，仍担任中国社会科学院副院长，而且已连续三届出任全国人大常委委员。蔡昉思路开阔，很善于观察社会现象。当时来张家界聚会，就很关注湘西民俗风情和少数民族地区人口变化等社会现象。顾益康虽然大学毕业后一直在浙江工作，但在全国"三农"领域也很有地位和影响。现在年过七十了，仍被浙江省人民政府聘为专业咨询委员会委员。当时来张家界还带着"三农"问题的研究课题，身在旅游风景区，心系农业、农村和农民。他当时带来了浙江的精细美术工艺品送给大家。

说起礼物，我得到的一件衣服令我感动。我在市政府分管外事旅游，出面接待的机会很多。这次森林保护节，我又在各种活动和公开场合抛头露面，有人说，我平常应酬包括说话谈吐还可以，就是身上穿的服装差了些，不仅不时髦，而且过于俗陋。到大庸工作几年来，我没有一件像样的衣服，尤其是缺少一件适应外事活动的西装。1990 年冬天，我带几个人到福建厦门学习考察，在集美市场买了一套旧西服，虽然便宜但太陈旧了，回来仔细一看，也难登大雅之堂。于是在森林保护节之前，自己到商店买了一块灰色化纤布料，就近在路边店做了一套西服，穿上去自己及身边几个人觉得可以，便在森保节那天穿上。由于我出镜头很多，见到的客人、熟人也多，许多朋友直言我的这身服装差了点。湖南省政协主席刘正当时协助省主要领导管外事旅游和对外招商引资，经常见到我穿的衣服不合身，森保节见面还是这一印象。他看在眼里，嘴里不说，但记在心上。森保节后不久，省直机关一位涉外机构的负责人来到张家界，说刘正主席给我带了一件东西，晚上见我时转交，这位同志带来给我的是一套崭新的西服，深蓝色暗条纹，我当然喜欢，但当时不敢收下。"这是刘正主席专门交代我们省里涉外事部门给你准备的，他说你出席外事活动多，代表的是市里、省里形象，至少要有一套像样的服装，你不收下，我们不好回去交差。"省涉外部门的同志这么一说，我也就不再推辞而笑纳了。此后不久，我就穿着这套新服装跟随省旅游局张局长访问了马来西亚和新加坡，还随陈邦柱省长率领的代表团访问了日本。当时，我对这套新西装倍加爱惜，坐车时脱下来折叠放在怀里，衣袖上的商标也舍不得摘下来，在国外见客人前，随行工作人员帮我摘下来才不至于让外宾见笑。刘正同志是我非常敬佩的省领导，中华人民共和国成立前就从事党的地下工作而参加了革命，中华人民共和国成立后在基层和省里多个领导岗位上任职，出任过省长，为湖南的改革开放和经济社会发展做出了很大贡献。他对我关爱有加，来张家界以后多次让我陪同调研并汇报，还点名要我陪同他去广东珠海、深圳考察过，为张家界旅游开发进行招商引资。我调离湖南到北京工作时，刘正主席还特地给我打电话送行，鼓励我不断进步。他经常关心我，以至当时他的秘书向力力与我交情很好，常有联系。也许与刘正主席的教育培养有关，向力力进步很快，任过长沙市常务副市长、省商务厅厅长、郴州市委书记、省政府秘书长等职，现在荣任湖南省副省长。前几年，刘正同志因病去世，当时不知道消息，没能去长沙送别，敬仰之心、怀念之情，终身不忘。

森保节的成功举行，极大地提升了张家界在国内外的知名度，张家界独特的自然风光也引起了世界更加广泛的关注。森保节后来成为张家界的一个"保留"节日，至今已经搞了十几届。

（四）

申报世界自然遗产名录的工作，几乎与森保节的筹办同时起步，各项保护工作正在按世界自然遗产标准紧锣密鼓地展开。作为分管旅游的副市长，我全程组织参与了张家界申报，陪同联合国教科文组织官员考察和到北京获得联合国教科文组织自然遗产委员会颁授《世界自然遗产名录》的过程。从张家界开始申报、到接受检查、到最后在人民大会堂颁证，以及回到长沙和市里举行庆祝活动这些过程我都参加了。

张家界申报世界自然遗产，从1990年就开始着手准备。作为分管副市长，我曾多次召开市长办公会进行部署，多次落实并协调各项具体工作。

申报时，首先要按照世界自然遗产的标准自我检查，看看自己能不能达到要求，是不是保护得很好，世界自然遗产的标准规定得很细、很具体，要逐一对照检查。比如，树要倒了，要给它撑好；有很多古树不能摸、不能刻字，就在树上吊一块牌子，用绳子系着，凡是用钉子钉的，全部拔掉，换成绳子。我说，树上钉钉挂爱护树木的牌子，这本身就是自相矛盾的，就不是爱护，我们当时就细到这程度。其次，对违章违规的建筑物处理得怎么样，乱建、乱开发的现象制止了没有、清理了没有、拆掉了没有，是否采取了一些保护措施。景区内的违建拆迁，是一件难度极大的工作，任你怎么苦口婆心做工作、调动各方面的力量，都不愿搬出来。景区有句话，"摆个小推、胜过县官""盖个饭馆，日进斗金"，把小摊拆掉、把饭馆搬走，等于是砸了人家的金饭碗，加上补偿又很少，抵触情绪很大。但为了申报成功，再难也得拆。

1992 年 5 月 27 日至 29 日，联合国世界自然遗产委员会派来的两位官员即卢卡斯和桑塞尔到了张家界，我全程陪同他们考察、检查。联合国官员在张家界森林公园考察、检查时，非常认真、非常仔细，对保护工作也很满意。在看到对古树的保护不用钉子用绳子，非常高兴地称赞做得很好；在检查对山顶的保护情况时，虽然没有找到大的问题，但他们提出了很专业、很好的建议。有一次在检查过程中，他们坚持要爬到山顶上去检查，怀疑山顶有人耕种，说在山下看不到山顶的情况，但根据他们的经验和常识，像张家界这样山顶多是平地的地貌，树木相对稀少，开荒种地、盖房子都相对容易些，像种麦子、种高粱都有可能，有人耕种的可能性很大。我跟他们一起爬到了山顶，发现山顶确实有耕种过、挖过的痕迹，确实有人种过高粱。联合国官员提醒说，要特别注意保护好山顶，因为山顶的保护对森林的保护很重要，山顶遭到破坏以后极易造成水土流失，若干年以后就会造成山体垮塌；森林的水土流失是从上往下冲刷的，不像堤坝的水土流失是从底下开始的，森林的保护要从山顶做起，就像建房子要把屋顶搞好才能防雨一样，还不断叮嘱一定要把山顶要看护好、保护好。这番话对我启发很大，后来出台了森林公园实行退耕还林、保护森林的政策。

作者在张家界琵琶溪宾馆欢宴卢卡斯（左2）和桑塞尔（右2），右1为卢建国区长，左1为翻译

（五）

考察即将结束，联合国官员对张家界的保护工作赞赏有加，心情也很轻松、很愉快。卢卡斯题词："武陵源是一个奇特的地方，令人心旷神怡。"桑塞尔也签名留念。在返回市区宾馆的路上，联合国官员卢卡斯和桑塞尔在车上和我闲聊起来，我也趁机秀了一把拗口的英语。两位官员在张家界市的武陵源风景区实地考察了三天，并与市政府负责人进行了半天座谈，市长和我回答他们的提问。多数时间我陪他们在风景区转，一起乘车的时间不多。省政府很重视，从外事部门派了翻译随同，几天下来，我的英语也捡回不少，偶尔用英语插话，说点短句子，常引起两个老外笑。由于市委市政府机关没有好的小车，正好市工商银行新买了一辆原装奥迪轿车，便借来用于接待这两位官员。轿车里面一般只能坐四个人，司机和翻译坐前排，后排坐两位客人，我们市、区陪同人员另坐一辆车。在景区考察完后，我便与翻译换了位置，坐到新奥迪车前排位置，结结巴巴地用英语与两

位官员讲起话来，当然只能讲简单的日常用语。我是"文革"前老三届的高中生，当时学的俄语。上大学后，中国人民大学的俄语师资力量强，老师动员我选学俄语，加之 1978 年秋还未实行改革开放的政策，于是便听老师安排学了俄语。到了 1979 年，我觉得俄语今后可能不适应开放的新形势，便利用业余时间选学了英语。俄语要拿学位，不能完全丢，英语也要学，这样脚踏两只船，两门外语都没学好。毕业以后完全丢掉俄语，有时间就练练英语，现在的英语水平略好一点。

联合国官员卢卡斯：请问梅先生，家在哪里啊？

我：在长沙，离这里 380 多公里吧。

卢卡斯：正好我们要去长沙，明天又是星期天，实地考察这件事也结束了，一起去长沙吧。

我：不行啊，我还走不开。我一般一两个月才回去一次。

联合国官员桑塞尔：哦，上帝！真的吗？太不可思议了！这么近，这么久才回去一次？太不可思议了。

经过一年多的工作，张家界申报世界自然遗产名录获得通过。1992

作者与卢卡斯（右 1）和桑塞尔（右 3）亲切交谈

年 12 月 7 日，联合国教科文组织世界遗产委员会批准将张家界市的武陵源自然风景区作为世界自然遗产列入《世界遗产名录》。英文名录证书称："世界遗产委员会已将武陵源风景名胜区列入世界遗产名录。列入此名录说明此处自然景观具有特别的和世界的价值，因而为了全人类的利益应对其加以保护。" 随后不久，即 1993 年 2 月 28 日，国家建设部和联合国教科文组织在北京人民大会堂举行了隆重的颁授仪式，联合国官员教科文组织总干事马约尔和时任全国人大常委会副委员长廖汉生、全国政协副主席马文瑞、建设部部长侯捷、湖南省政府副省长陈彬藩、郑培民等嘉宾出席仪式。前面提到的张家界的对外宣片中，就有不少张家界获得世界自然遗产名录颁授仪式的画面，谢风龄副市长也出席了颁证仪式，我因为在新闻发布会上代表市政府致辞，后来又一直陪着站在联合国官员的身边，"沾"了联合国官员的光，成了唯一出镜的市政府领导，市委常委、武陵源区工委书记邓德芳代表武陵源区接受联合国教科文组织总干事颁证。

世界自然遗产，现在成了张家界一块最值钱的招牌，成了张家界的名片，对提升张家界在国际上的知名度和形象、对张家界的发展产生了深远的

廖汉生副委员长在人民大会堂休息厅会见作者

影响。

风景区的开发、保护是一个系统工程，申遗只是其中之一，很多工作要做细做实，包括拒绝一些不大合理的要求。在张家界，也有人捐巨款支持发展旅游业，条件就是要塑一个多高多大的个人雕像，我们没有同意。捐款可以，但搞个人雕像无论如何不妥。到目前为止，整个武陵源风景区内只在天子山景区建有贺龙元帅铜像和在张家界国家森林公园门票站前树立了艺术大师吴冠中的铜像。

当时，外出考察学习，不忘推广宣传张家界。杭州西湖吸引国内外许多游客，古往今来，宣传西湖最为突出的佳作要属宋代大诗人苏东坡的诗。本人不顾自陋，步其韵也写了一首小诗《游张家界》：

四季来游晴方好，雪压寒松景更奇。

时运偶遇云雾天，仙女撒花最心仪。

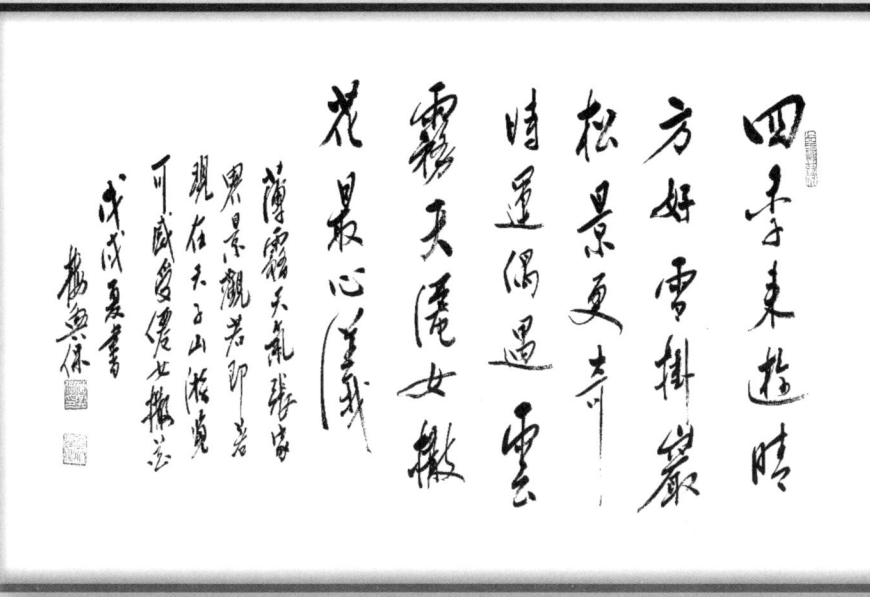

七　旅游兴市的考察与探索

张家界以旅游立市，更要以旅游兴市。市委、市政府的指导思想非常明确：要把张家界建设成为国内外知名的国际旅游新城。我作为分管旅游的副市长，考虑最多的工作就是旅游兴市，5 年的任期内，走出湖南，到省外考察过国内旅游，也走出国门两次，考察过国际旅游，至今印象深刻，收获颇丰。

（一）

市委、市政府成立以后，非常注意学习借鉴外地的经验和作法。1990 年秋，市政府派出两个组出省学习考察：副市长严高明带领一路人马赴湖北鹤峰、红安和安徽金寨等县考察扶贫开发，另一路由我带领去珠三角地区和海南、厦门、湖北鄂州考察旅游和扩大开放。

我们南下考察的成员，主要是市政府办，计划局、财政局、税务局、工商行政管理局和市人民银行的负责同志，加上我共 8 人。第一站来到深圳经济特区，这里改革开放的各项举措和蓬勃发展的景象深深地打动着我们，来这里创业打拼的年轻人从全国各地如潮水般涌来，中央各部门和各地党政机关派人来指导、学习取经的团组也络绎不绝，让深圳市忙于应付。我们住在湖南省人民政府驻深圳办事处所在的芙蓉宾馆，办事处主任黄道望同志接待并宴请我们。他说："深圳市政府的接待任务很多，一时抽不出人来安排见你们，我们省里有关负责人联系见他们市委、市政府同志都很费劲，你们多住几天，先到特区转转吧。"于是，我们先联系了多位张家界在深圳工作生活的老乡，召集他们联谊，向他们介绍家乡的变化，也请他们介绍深圳的有关情况。这种家乡情感对在外工作、学习、生活的人尤其是年长一点的同志无论何时都挥之不去，他们手里的工作再忙，都挤出时间给我们讲股票市场的新闻，陪我们逛夜市，游览中英街并引导购物。汪启华等几位慈利县籍的乡友对股票市场情有独钟，当时刚建立上海、深圳证券交易所，上市的股票也不多，但股民踊跃，股市行情天天涨。他们下午一合计，自己的股票浮盈了，就在高档酒楼请大家吃一餐。后来，这些乡友赚钱以后回到家乡投资兴业，对张家界贡献很大。张家界旅游开发股份公司的股票上市以后，他们是最积极的个人投资者。

逛中英街，这是 20 世纪八九十年代内地来深圳客人（无论公差还是旅游）不可或缺的活动安排。当时香港还没有回归，内地人去香港不便，于是，到深圳后都想去中英街感受一下。深圳沙头角与香港毗邻的中英街，总共不过几百米长，一边属于深圳，一边属于香港，中间虽画有界线，但游人可以互相穿行。我们来到这里感觉新奇，当然只逛香港一侧的店铺，顺便买了一些牙膏、肥皂之类的洋货。这对我们考察旅游的人来说，也有很大启发：如何组织多地不同特色的商品，集中在一条或几条街上让游人轻松选购，中英街的场景不就很有借鉴意义吗？后来，张家界的一些旅游景点附近，就通过整治乱设摊点，而有规则地统一兴建了民俗一条街、小吃一条街，很受游客欢迎。

就这样在深圳待了两天，也没有得到深圳市政府及有关部门接洽我们的通知，我想，作为政府代表团来考察调研，也不能就这样联谊老乡，逛逛市场和景点，还得拜访一下市政府。第三天，我带了几位同事径直来到深圳市委、市政府办公大院前面的传达室，拿出证件，说明来意，希望见见市里有关负责人，相互交流一下。传达室的同志见我们没有事先联系好，估计很难安排，但又感觉到我们来一趟也不容易，一边摇头，一边拿起电话报告到市政府办公厅秘书处。一会儿，市政府办公厅通知传达室，请引领张家界来的客人速到二楼小会议室。我们刚坐下，深圳市委常委、市政府常务副市长王众孚急忙赶来，连说："怠慢了，对不起，实在太忙。"原来，他从一个会议上请假出来见我们。接着，我们愉快地交流了近一个小时，他随后让秘书通知市发展局、市旅游局的负责同志与我们对接洽谈。王众孚同志是从长沙市委书记岗位上调来深圳的，他长期在湖南工作，我们不是一般的熟悉，除了前文说到的他在参加毛致用同志主持召开的座谈会后请醴陵市委书记孙凤鸣和我在长沙玉楼东酒楼吃饭以外，还在张家界有两天亲密接触。1990 年夏天的中共湖南省党代会后，王众孚同志仍任长沙市委书记，但此后的一段时期身体有所不适。这年秋天，我们市作为东道主在张家界森林公园举办省辖八市市长联席会，长沙市由何家象常务副市长出席，我们特邀了王众孚、曹伯纯等几位市委书记出席。会议由肖征龙市长主持做主旨发言，会后由我陪同到风景区考察观光。考察时，我和许多同志都感到平时快人快语、很善交流的王众孚书记这次很少言语，包括长沙市来的工作人员在内，都心照不宣，我便一直重点关照他并时不时亲自给他拍照、讲解，其他的市有同志还提醒我不要忘记、丢下了多数客人。总之，那次给了王众孚同志开了小灶，让他感到十分开心和快乐，吃得好、睡得香。也许吃得多了一点、辣了一点，据说回长沙后还拉肚子、小病了一场，总之，张家界给王众孚同志留下了深刻的美好印象。这种好印象、好友情不仅让他能中断重要会议而出来接待我们这些从张家界来深圳的客人，而且抓住机会，为张家界的旅游开发和风景区建设给了资金支持，做出了很大贡献。

那天在深圳市政府的小会议室与王众孚同志的见面交谈中，我代表大庸即后来的张家界市委、市政府邀请深圳市委、市政府主要领导去张家界走走，去看看这个新兴的旅游新城，想不到一年之后他们真的来了，不过他们来，与我代表市里邀请的关系不大，而是省委书记、省长的面子。

1992 年 7 月 26 日至 27 日，深圳市委书记李灏和常务副市长王众孚应湖南省委、省政府邀请率领一个庞大的党政代表团在长沙、常德等地考察以后到张家界。深圳的地位和影响以及李灏书记的威望都不言而喻，省、市都按省委书记、省长这一级别的标准安排接待。座谈和用餐时，省委副书记孙文盛和我们大庸市的书记、市长是主陪，而到风景区旅游考察、爬山走路，那时还没有索道，都只能步行，我往往走前头成了主陪，并见证了深圳市领导现场拍板、无偿援助建设一个旅游项目的过程。

那天天气晴好，我们陪客人爬张家界最著名的景点——黄石寨。从张家界国家森林公园拾级而上，海拔从 500 多米上升到 1100 米，虽然垂直高度不到 600 米，但道路弯弯曲曲，一般领导干部们要花两个小时左右。上山的旅游路上，时不时碰上来自广东尤其是深圳的游客，有的认出李灏同志并主动打招呼："李书记好哇，张家界风景太好了，就是基础设施差了点，连专门喝茶的地方都难找到。"李灏同志笑着点头，也问问游客来自什么地方，只是没有时间多聊天，被大家陪同凑拥着上了黄石寨。这里是一个不到半平方公里的台地，森林茂密，周围悬崖峭壁，无论走到什么地方，只要停下来举目望去都是奇特景观，真乃一步一景，名不虚传。黄石寨台地的最高处新近落成了一座三层楼阁，这是上级林业部门出资帮忙修建的主要用于防火观察预警的塔台与楼阁相结合的建筑。如果不是重要旅游景点，一般的防火哨就修成了一个塔台，便于瞭望即可。考虑到黄石寨的旅游价值和游客需求，林业部门增加了投资，修成了不大不小的楼阁，游客以为是专门用于接待、休息、购物的设施，其实，它的主要功能是火情观察和通信保障。当然，一楼设置了购物，二楼专设茶座。我们陪深圳客人在二楼休息喝茶。我们市里和武陵源区的负责同志抓住机会介绍了正在开发建设的有关情况，特别提示：内地游客中来自广东的比例最大。听完介绍，李灏书记很高兴、惬意，转向王众孚同志说："这么好的地方，深圳来的游客又这么多，我们来这一趟也不能白来，要有点表示吧！"王众孚同志本来自己也有这个心意，听书记这么一说，心里底气就足了，望着整个楼阁问我们："这个楼阁投资大概多少钱？"我还一时答不出，张家界森林公园管理处主任王建文很精明并适当多报了一点："大概300来万元吧。""那就在天子山帮助援建一座类似的楼阁，我去过天子山，那里地势更高一些，可能更需要这一设施。"王众孚说完后又补充一句：

作者在张家界黄石寨景区茶室向李灏书记（左2）、王众孚（前右1）一行介绍有关情况，左1为陪同前来的省委副书记孙文盛同志

"请书记拍板定。"李灏书记表示举双手赞成，并让随行的深圳市发展局负责人具体落实。这件事在黄石寨现场定下来了，给了我们陪同的同志一个惊喜。是啊，当时的300万相当于今天至少3000万元啊！

事后，大庸市和武陵源区政府及时派人去对接，我也为此事向王众孚同志写信让他批示，以便引起经办人员的重视。武陵源区旅游局张元喜局长多次跑深圳，最后要来337万元，加上武陵源区自筹700万元，总投资1044万元在天子山景区贺龙铜像的东南侧建了一座楼阁，1993年5月开工，1995年9月竣工，取名"深圳阁"，以表示对深圳市政府和深圳人的感谢。现在这里已改名为"天子阁"。功能与黄石寨的楼阁一样，面积略大一点，两阁相互呼应，既为防火形成联网观测，又为游客新添景观和休息、摄影、喝茶的惬意场所。

（二）

我们一行在深圳市的考察，由于常务副市长出了面，后面的行程就很顺了，拿到一些内部材料之后便从蛇口坐船到珠海，重点考察这里的城市规划和城市管理。由于张家界这块牌子吃香，用不着找市里及有关部门的熟人和老乡，珠海市政府及有关部门负责人热情接待，并特意陪同乘船在海上游览参观了澳门周边景观。当时珠海也在大开发、大建设之中，不通飞机和火车，我们便折还广州，从黄埔港乘海轮去海口，虽然在海上经受了一天半的颠簸之苦，但海口市政府的热情程度超出我们的想象，船还在海上航行，海口市政府的问候就来了。大概是轮船刚进入海口海域，船长广播请张家界的客人去船长室接电话。我拿起电话就听到亲切的声音："我是海口市政府接待处的钱处长，代表市政府领导问候你们一行辛苦了！我们在下船处等候。"这是我第一次恐怕也是唯一的一次在大轮船的船长室接听电话，大家已感受到海口市政府的热情，我们8个人都是第一次到海南，而且在市政府也无熟人，正寻思下船后不知有人来接没有，都未想到海口市的接待处长已等候多时，大家顿时疲劳全消。

当时，海南建省才两年，而且已被中央明确定为全国最大的经济特区，各项建设如火如荼。尽管非常繁忙，海口市市长李金云亲自出面接待，并派出专车随同，送我们去三亚，两天后又经中线五指山回海口。

开车的是一位身材很好、当然车技也不错的年轻女司机，这让我们在车上更活跃一些，因为当时的大庸是很难见到女司机的。我们这一行中，除了市人民银行行长姚锦庭年级大一点，其他都是 40 岁以下的年轻人。我虽然刚过 40 岁，年纪不大，但身份摆在这儿，所以不便与司机交谈过多。而市政府办的陈美林、市计划局的程建国就不一样，看到开车的是一位年轻貌美的女司机，嘴是闭不住的，而且时不时说几句俏皮话。他们俩一时心动，还合计在路边商场买了一套精美的化妆品送给这位女司机。女司机很高兴，便一边开车、一边给我们介绍沿途风光和海南风土民情，把我们送到价廉食美的地方用餐，到三亚以后的两天，还陪我们逛夜市、购物。从与这位女司机的几天接触和交谈中，我们感到，女同志开车虽然在体力和修车等方面有劣势，但更能给乘客以安全感，而且她们更细心并更有耐心，是否发生车祸的概率也小一点，这些启发也促使我们今后在出租车行业和公交车行业，更多地聘用一些女司机，因为这些行业过去都是男人的世界，旅游区的乘用车驾驶员，应该有一定比例的女性，让交通工具增添一些美丽。

三亚是旅游胜地，而且是内地人士冬季休闲度假的天堂，其餐饮、购物情况如何、管理得怎样，我们细心进行了考察。从工艺品原产地到批发零售价格，从餐桌上各种食料的采购成本和人工成本以及价格，这些问题一般的消费者是不过问的，而且你问的时候，人家也不搭理，我们一行偏偏要打破砂锅一问到底，这在现场难免闹一些不愉快。好在我们这一行中有市工商物价管理局的局长李光忠同志，他个子魁梧，讲话声音洪亮，表情严肃，穿的是工商制服，有时走到摊贩跟前一站，老板就点头哈腰出来，递烟请坐。而市政府办的陈美林副主任是秘书科长出身，脑子反应快，手也勤脚也勤，衣兜里总放着笔和小本子，随时记录。于是，我们在三亚乃至以后在其他地方考察餐饮和商店购物情况时，让李光忠带着陈美林打头阵，我和其他几位就在附近喝茶。李光忠穿着工商制服与老板交流问话，陈美林在一旁快速记录，其经营和管理方面的真实情况很快就弄到手了。当餐馆和商店老板问是哪路门神即哪个工商局时，李光忠局长有时爱答不理，有时撂上一句："我们是外地来学习考察的，你们放心，不会处罚。"

当然，有时我们一行也来个"跛子拜年——就地一歪"，顺便跟着李光忠进入某家餐馆吃上一顿，钱是照付，只是货真价实，超值享用。

在三亚考察完了以后，女司机驾车引路，经通什五指山县（现改为市）回到海口，圆满结束海南之行。我们还考察了厦门市和湖北鄂州市，在外一共半个月。回到市里以后，市委、市政府召开重要会议，听取了我带队出省考察旅游开放和严高明副市长带队出省考察扶贫开发情况的汇报。这两次考察成果丰硕，外地的经验和作法对我们新建立的地级市来说十分宝贵，在很大程度上推进了旅游兴市的战略实施和扶贫攻坚的步伐。

（三）

实施旅游兴市的战略，全面提高市民的素质是最重要也是最基础的工程，要靠许多年坚持不懈的努力。我在大庸市政府任职期间作为湖南省政府访问团的成员访问过一次日本，虽然不是专门考察旅游，但沿途感受到的日本人的良好素质，给我留下深刻的印象。

作者随陈邦柱省长（右2）访问日本时与日本朋友合影

那些年，中国和日本的关系很热火，许多省市与日本相应的县市建立了友好关系，湖南省与日本的滋贺县（相当于省级行政区）是友好省（县），两地的行政领导定期互访，还有经贸交流。1992年6月，湖南省由省长陈邦柱、省纪委书记杨敏之任正副团长，带队访问日本滋贺县，代表团成员中照例请几个地市的主要负责人参加，肖征龙市长走不开，让我参团出访。作为一般的代表团成员出国访问，没有什么具体事情，跟着团长走就是，在日本也没机会复习英语。我的兴奋点还是关注人家的礼仪接待、旅游风景区规划建设和城市管理以及交通状况。

滋贺县接待我们的时候，有一个隆重的欢迎宴会，双方人员陆续进入大宴会厅时，只见日本人都在一张条桌前排队，手里拿着证件类的什么东西，好像办理酒店入住手续一样，我是客人，也不便上前看个仔细。在介绍双方主要来宾时，由于头天有个小插曲，这天正式场合就顺当了。原来，翻译在介绍杨敏之同志时，把"省纪委书记"译成"省监察局局长"。这时，杨敏之同志打断翻译，用多句话完整地介绍了自己：湖南是一个有6000多万人的大省，这个省有一个受中央领导的领导集体，这个领导集体只有13人，我是这13人中的一员，我的职权可以监督全省而且包括这个领导集体中的任何人。听完这个自我介绍，日本人明白了中共地方纪委书记是个什么官职，而且都竖起了大拇指。三天以后，湖南省政府代表团在住地的五星级酒店举行答谢宴会，来的日本客人大多是三天前宴会时的老面孔，另外还请了一些新面孔即曾经去过湖南、来自其他地方的日本友人。令我感到奇怪的是，这些日本客人虽然都手持湖南省长的请柬，但入席前又都在大厅外的一处地方排队办什么手续，我走近一看：他们都在交钱。接待我们的日本朋友告诉说，他们无论是请客还是做客，都要自掏腰包。"这场宴会不是由湖南省政府买单吗，怎么还要客人交钱呢？"我正在纳闷，日本朋友解释说："这是我们的规矩，来参加你们省长举行的宴会是我们的荣幸，交钱是应该的，至于这些钱怎么处理，那是接待方与你们省外事部门商量的事。"啊！原来是这样。看来，在旅游外事接待和反对公款吃喝方面，日本真有许多值得我们借鉴的地方，有许多启发。据说他们的县长官（省长级）上班时开着自己的车来，外出公干坐公车，回家又坐私家车；在位时住官邸，卸任的当天就必须搬离官邸，公私分明，在位与不在位时的待遇完全两回事。

在日本几天的参访，新鲜感受很多，邓小平访日时坐在新干线高铁上，他的感觉就是"快"，有催人奋进的感觉，言下之意可能是说我们自己发展慢了。我从我们一行随身的几件行李上面，感受到了社会秩序和我们国内人们素质方面的较大差距。清晨，我们离开滋贺去京都时，接待我们的日本朋友让大家将各自行李放到房门外边，写上自己名字即可，不仅不会遗失，而且会在我们之前到达新住地的房间。那天中午在京都游览后用餐，饭店的布置很有日本特色，我快吃完了，这时想回车上拿相机照几张相，虽然我看到汽车就停在附近的停车场，但我得先找司机。在老远一个地方休息的司机接到导游的电话赶过来，得知我要开门取相机时笑了，原来他的大客车根本就没有关门，让我上去取罢了。我们乘坐的客车附近人来人往，就是路不拾遗，行李是安全的。在国内就难说了，至少司机不能敞开装有行李的车门而远离汽车。

我们参访团离开东京回国时，随团的省外事办工作人员受人之托，替在东京的一位湖南老乡带上两件行李即两个小包回国。我们有 7 个人乘坐同一航班，那天在东京新大谷饭店叫了两辆出租车去成田机场。到机场后，大家各自忙活下车并提着行李去办托运手续，办完手续一检查，工作人员那两件帮人带回的行李不见，落在出租车上了。我们几个人尤其省外办的同志很着急。这时，幸好送我们的日本朋友还未离开，她拿出出租车票拨通了电话着急地讲了几句，我们虽然听不懂，但都猜得出来是为这两件行李之事。过了一会儿，也就 10 分钟吧，一位司机提着两个小包小跑进入候机处，将行李送给我们后转身就走，连个名字也没留下。我们非常感谢，正准备进去安检，这时，另一位司机急匆匆赶来特意告诉说，他是载我们的司机之一，但他的车内没有落下我们的物品，当他得知物品已由另一司机送还时，高兴地鞠个躬，和我们告别。出租车是城市的名片，这张名片要发光添彩很不容易，日本东京的出租车行业真值得我们好好学习。话又说回来，这两件行李终究丢了，而且是回国后在深圳的自家宾馆遗失的，反差有多大啊！

在日本的访问结束之后，因为航班和机票的原因，大家分批回国，陈邦柱省长带领省政府秘书长、省外办主任等部分成员经上海回湘，杨敏之纪委书记带领我们几位主要来自地市的同志经香港回来。我们一行 7 人经香港来到深圳，住本省驻深圳办事处所在的芙蓉宾馆。一到宾馆大堂，见到许多熟人老乡，大家很高兴，互致问候，算是回家了。由于当时的电梯少而且只有两部，我们便带着各自行李分批乘电梯到各自房间。我刚进房间不久正清理行李，只见随行的省外办工作人员敲门便问："领导，拿错行李没有？帮朋友带的那两件行李又不见了。"我没有拿错，心想，"不会呀，这行李中没有什么宝贝，而且从香港到这，坐的专车，没发现也不会有盗贼盯着我们。"一会儿，大家下楼集合就都知道了：这两件行李在自家宾馆大厅被人顺手拿走了。省外办的同志本身行李很多，他要照顾领导，并先将自己行李送到房间，再下楼来时这两件行李就不翼而飞了，宾馆各方面人士都说没有见踪影，最后宾馆凑了 200 元钱，让省外办同志补偿那位朋友并表示歉意。这两件行李的故事如果让某些日本人知道，说不定会编成讽刺我们的笑话，与其这样，我不如自己将国内这种丑陋的东西先讲出来，让偷行李的人受到良心的责备。此后在大庸市旅游工作会以及其他公开场合，我不厌其烦地讲了两件行李的故事并告诉大家：旅游城市一定要有良好的社会秩序，市民要有良好的素质，给旅客以安全感、亲切感，同时旅客本身也要注意自己的修养，做文明游客。

（四）

为学习旅游管理的先进经验，并宣传推介张家界，我还出访过新加坡和马来西亚，这是一次专门出国对旅游的全方位深度考察。

1992 年 11 月底至 12 月初，我随省旅游局张正祥副局长和省海外旅游总公司吴石关总经理、袁进茂经理到这两个国家进行了半个多月的访问考察。我曾访问过日本，到过香港，也算见过世面，但真正走出国门跟省旅游局长专题考察旅游，这还是头一次。

樟宜机场是新加坡的骄傲，在亚洲首屈一指。踏上新加坡的国土就感受到无处不在的旅游宣传和城市名片式的推销。这里到处是免费供应的宣传资料、饭店介绍单、城市地图以及经济信息资料。由于我们在飞机上就填好了出关申报单，所以出关很快，从下飞机到出机场，不到半个小时。

我出机场后一看，整个候机楼群比长沙的黄花机场要大七八倍。回想起来，也为张家界机场乘邓小平南方谈话的东风由二级机场改建为一级机场而庆幸。

到新加坡的第二天，我们顾不上观市容、看景点，而是急于拜访旅游界同行，了解新加坡客源市场情况。这天，我们先后走访了新加坡中国旅行社和大通、益群等五家旅行社。这些旅行社不论规模大小、人数多少，其办公手段均高度现代化；每个职员的桌子上都有电脑、电话，职员使用电话，轻声细语，根本没有工夫闲谈。这些旅行社的老板，大多是我省旅游局张副局长的老朋友。老张在向客人介绍时，第一句话总是说："这位先生是从张家界来的，也是张家界所在那个地方的大庸市副市长。"新加坡大多数人都懂华语，但懂得不深，在他们的心目中，市长、省长、州长一般只有一个。所以客人的印象就是张家界市长来了，他们都十分关切地询问张家界机场及旅游线路走向。

"益群"旅行社实际是两夫妻经营的旅游企业，丈夫是董事长，妻子为总经理。我们到访这里，先做自我介绍，然后商谈具体业务。和董事长正谈得投机，外面敲门并进来服务生说，一位老板要见张家界市长，接着进来一位精明的中年男士。从名片和介绍得知，他是新加坡颇有名气的丰隆集团公司的董事林廷高博士。当时他正准备来大陆考察旅游环境，临行前到益群旅行社咨询中国大概情况，并特地询问张家界和三峡的旅游路线及到这两地投资的可行性。当他得知张家界那个地方来了一位副市长时，喜出望外，跟着追寻到董事长办公室和我攀谈起来。大家越谈越投机，林先生恳请我们给他面子，邀请我们去他办公室对着地图详谈。盛情难却，我们只好临时改变日程，就这样，半路被丰隆集团公司"截"走了。我们下榻的酒店是丰隆集团公司成员单位，林先生得知后与酒店的法国老板通了电话，意思是要酒店好好接待我们。下午回到客房，书案上摆好了盛开的鲜花，茶几上摆了一提篮的杧果、葡萄、香蕉等水果，宴请吃一顿就自不用说了。我想，这都是托张家界的福啊！

在新加坡参观市区和一些主要景点，不仅大饱眼福，而且很受教益和启发。进入商业区以后，主人领我们去逛一家超市。我看到市场就在马路对面，想趁车辆少时横过马路。哪知一只脚刚下路沿，陪同的安娜小姐就提醒："不要犯法！"我感到有点莫名其妙。原来，真的到了犯法的边缘。新加坡的交通规则就是国民必须遵守的法律，过马路必须在画好的斑马线上遵指示灯横过，否则就犯法，一但犯法被交警抓住，要先承认犯法，写悔过书，然后照章重重罚款。不过他们对外国朋友尺度宽松得多。

　　圣淘沙，是靠近新加坡城边的一个美丽小岛，也是新加坡主要的游览点。我们乘坐跨海缆车来到这里已是下午四点多钟了。新加坡除了这个景点收费外，其余公园、植物园均不收门票。在圣淘沙先参观蜡像馆。这座两层楼房的建筑里，用部分实物和蜡像并配以音乐、灯光、照片，展现了新加坡的历史。电影厅不停地用中文、英文、日文反复播放第二次世界

作者随同湖南省旅游局副局长张正祥（中）在新加坡考察，右1为吴石关同志

大战时日本轰炸新加坡的影像资料。这使我想到"忘记过去，就意味着背叛"的名言。相比之下，当时我们在这方面的教育，就显得有些差了。夜幕降临，整个圣淘沙被各色灯光装点得流金溢彩，音乐喷泉也开始了。喷泉池足有两个篮球场大，里面布满数百个喷头，观众席可坐3000多人。喷泉池上方有3米高的陡坡形成宽约60米的瀑布。随着音乐声，电脑控制喷泉的高度和喷头的数量，配之彩色灯光，仿佛自己置身于梦幻世界。圣淘沙不足两平方公里的景点，竟有如此丰富的人工景观，使游人如痴如醉并停留一天，吃、娱、购、行，每人平均花上200元人民币。我想，张家界有数百平方公里的景区并有自然景观作实物天然背景，难道不可以大做文章吗？

新加坡与马来西亚接壤。结束在新加坡的访问考察以后，我们就乘汽车去马来西亚。过两国边境和海关时，大家竟没有下车，几分钟就过关了。在马来西亚海关，手续也很简单，工作人员只问了一句，"是否带有毒品？"我们这些人与毒品无缘，过关顺利。一出一进，前后只一刻钟。张副局长对我开玩笑说"在这里出进海关比进武陵源的大门还要快"。我想起旺季许多游客和车辆排着长队进武陵源检票口的情形，觉得张副局长的比喻不无恰当，对我也是一种善意的批评。

与新加坡接壤比邻的是马来西亚新山市，我们稍作停留便乘机去诗巫。在马来西亚诗巫市机场，诗巫市砂中旅游贸易公司的陈总经理了解到我们是第一批访问这个城市的客人，特地请来了当地《诗华日报》和《新华晚报》两份华文报社的记者一同迎接，并拍下了我们在机场出口处的镜头。第二天，这两份报纸就登载了我们到来的新闻和照片。在诗巫短暂停留后，我们先后考察访问吉隆坡和槟城、怡保等城市。马来西亚这个1700万人口的国家，我们纵横跑了一遍。大家都觉得在马来西亚，最热闹、最喧哗、人群密度最大的地方，不是车站、码头、商场，而是举世闻名的赌城云顶高原娱乐城。

12月6日是礼拜日。一大早，吉隆坡丰元旅游贸易公司的董事会主席蔡伍先生驾车载我们去云顶高原。蔡先生曾率旅游考察团专程到湖南进行过访问，省海外旅游公司的吴总经理曾全程陪同考察，并在武陵源留下了难忘的回忆。这次，他特地亲自陪着看赌城，我们自然高兴。云顶高原离吉隆坡 70 公里，是马来西亚最高的山地，海拔约 2000 米，过去人迹罕至，只有野兽出没。自从十几年前一位胆大敢试的老板经政府批准设立赌场以后，这里面貌彻底改观。马来西亚法律规定：全国只准此地设赌，其他地方不准赌博。蔡先生介绍，赌场平均每天交给国家和当地政府的财政收入有 200 万马元，年则有 7 亿多马元。没上山看的人谁都不会相信，看过后谁都认为这个还是保守的数字。

上山的路上，车外除了茂密的雨林外，很难见到人烟。云顶高山上云雾缭绕，一座座高楼林立。我们在蔡先生的向导下，跟着如潮的人流进了大堂。来到一处过道前，蔡先生提醒，快进入赌场了，注意衣冠整齐。只见过道口上有 4 个带枪警察，注视着每一个走进过道的人。大家都理解，进赌场的人大多腰包满满的，必须有良好的公共秩序才有安全感。我们走出过道，来到第一个大厅，只见一台台"老虎机"屏幕闪烁。我数了一下，这个大厅的老虎机排列整齐，有上百台之多，玩赌的大多是退休人员，三三两两的婆婆不少。我们还参观了几个赌厅，把所有的厅堂都转了一圈。当时大多使用现钞，赌台上，映入眼帘的大多是工作人员在大把大把数钞票，然后装进特制的存钞箱。这里就像一个印钞的工厂。陪同我们的蔡先生也直摇头，这太可怕了！并说，他的职员如果在此赌博，将会被马上辞退。类似的赌场在我们中国只有澳门能见到，而且比这里要大得多，当时澳门还没有回归，我们也没有见识过。总之在中国大陆是不允许设赌场的，我们都有清醒的认识。

我在上中学的时候就知道有一个沟通太平洋和印度洋的马六甲海峡。这次在离开马来西亚的前一天，我们参观了这个地方。陪同我们的是吉隆坡大通旅行社的总经理吴石松先生，他同我们考察团的吴石关总经理只一字之差，彼此以兄弟相称，异常亲热。

马六甲是马来西亚的一个州，离吉隆坡 170 公里。到这里一看，并不像我想象中的如海滨城市那样漂亮，她的突出特点是华人后裔多，因郑和下西洋留下的古迹很出名，郑和字三保，所以这里有三保山、三保殿、三保井。站在海岸边，我们领略到这条国际黄金水道的战略位置。而吴石松总经理背靠大海与我们交谈，总是把话题引向中国的长江三峡。原来，大通旅行社每年组织大批客人到中国旅游。马来西亚人看好长江三峡，他们认为三峡工程建设后将看不到三峡风光了。可是，很多游长江三峡的客人乘兴而来、扫兴而归。原因一是经常轮船误点夜晚才过三峡，二是到宜昌后没有配套和后续景点。这次吴先生与我们洽谈时得知张家界离宜昌只有 300 多公里，而且有直达火车连通时，非常高兴，表示立即组团开辟三峡—张家界旅游线路。这样，即使游客没看到两岸风光的三峡，也可以到张家界武陵源补偿。大庸目前的知名度还不如三峡，也要上门攀亲，借三峡船出山下海，走向马六甲海峡，走向世界各地。

（五）

国内国外的多次考察，使我不仅开阔了眼界，增长了见识，而且对市委政府提出的"旅游兴市"的发展战略有了紧迫感和加快推进的责任感，同时对现代旅游服务业的认识也有新的提高。在几次全市的旅游工作会上我结合本市的实际和在外考察的情况，就旅游兴市的战略做了进一步的解读，并提出了一些具体规划设想和工作措施，也为"中国旅游报"等媒体撰写过专栏文章。

在大庸市这样的贫困和边远地区发展旅游业，关键是思想要解放，大胆地试，大胆地闯，可利用澧水流域的水力资源开发漂流，勇于干新的事业。

大庸是新兴的对外开放的旅游城市，这里有世上罕见独特的旅游资源，当时年接待中外游客 120 多万人次。年旅游收入只 4000 多万元，每人次只 30 多元，收外汇不到 100 万美元，远不能满足游客吃住玩游的要求。究其原因，除了基础设施和交通条件等客观因素外，主要是思想不够解放，许多陈旧、落后的观念和意识束缚着我们的头脑。例如，社会上许多人把旅游等同于吃喝玩乐甚至与资产阶级生活方式挂起钩来，致使我们的干部不敢大胆抓。一些领导机关的同志至今还把旅游宾馆等接待设施不加区别地当作楼堂馆所限制发展，致使许多建设工程不能及时审批。又如，旅游区及其周围的市民对游客的高消费看不顺眼而影响购买力。外宾吃烤乳猪并愿出高价向农民购买，有的农民则骂游客无良心，宁愿养大以后卖低价。就我这个分管旅游的负责人来说，也有一些旧观念。例如，

市旅游局开发茅岩河漂流旅游项目后，作者（左2）坐上橡皮舟漂流了全程

过去对旅游资源的商品属性认识不深，因而在工作上只重视接待来宾，不注意向来宾推销，很少走到外面去推销。还有，我对脱贫与抓旅游的辩证关系也曾一度认识不深。认为大庸是经济比较落后的少数民族地区，市县财政都靠补贴过日子，尚有 20 万人没有解决温饱问题，怕抓旅游抓多了，以后农村干部有逆反心理，事实上有些基层的同志提出过这类意见。

通过几次学习考察并结合学习了邓小平 1992 年南行重要谈话，我们在思想上的顾虑消除了，抓旅游的胆子也就会更大。旅游和外经外贸是一个地区对外开放的主要标志，贫困和边远地区相对来说外贸的基础条件较差，不易有新的大突破，但这些地区一旦具备了优势旅游资源，往往会带来人流物流的大交汇，推动对外开放和地区经济的发展。近年我市成功举办了国际森林保护节，大大提高了旅游区知名度，对今后的旅游都有很大的促进。现在旅游区旺季时间延后，而且来大庸投资办企业的外商也不少，这些外资企业办成以后，将会带动地方工业的发展，也会带动一部分农民致富。这就是开放促开发，开发促致富。办国际性节庆活动，我们既无经验又无模式，就是闯出来的。

基于上述认识，我们组织全市旅游行业和其他有关人员结合办国际森林保护节的成功事例进行解放思想的大讨论，就是要破除旅游是吃喝玩乐的糊涂观念，把旅游作为新兴的朝阳产业加快发展；破除把旅游宾馆等同于一般意义的楼堂馆所的观念，只要旅游市场有需要就大胆审批、支持建设；破除旅游消费是奢侈消费的陈旧观念，尽量开发新产品满足游客的消费需求；破除旅游资源不是商品的陈旧观念，大力抓旅游资源的推销，控制免票旅游。总之，要创造条件，开拓进取，向国际性旅游新城迈进。

贫困边远地区发展旅游业，必须分清主次，抓住产业群中的主要矛盾重点突破，改善外部环境。发展旅游，外部制约的因素很多。就大庸目前的状况来看，由于经济条件较差，很多行业都不适应，都要大兴土木上项目。比如，财力不足，要上工业项目聚财；城市破旧，要投资搞城建；旅游商品、纪念品不多，要发展工艺美术品生产并建商贸中心；还有农业、科教文卫以及景点建设等都要建设。面对如此众多的产品生产和各种服务与旅游市场日益增加的需求不相适应的各种矛盾怎么办？马克思主义认识论告诉我们，现实世界的诸多矛盾中有主要矛盾和次要矛盾之分，抓住主要矛盾，其他矛盾就迎刃而解。因为主要矛盾在多种矛盾中起着主导和决定作用，它的存在和发展，规定或影响其他矛盾的存在和发展。当然，事物在各个不同的发展阶段，主要矛盾可能有所不同。根据这一基本原理，我认为，现阶段影响大庸旅游事业发展的主要矛盾是交通状况落后，不适应现代旅游的需要。

90 年代初的经济过热时期，旅游业也突飞猛进，由于宏观失控，大庸地区的接待宾馆如雨后春笋，发展到 100 多家共 2 万多张床位。风景点也开发了不少，所以吃住和游玩基本上能满足一般游客的要求，客房空床还较多，入住率不饱和。建市的第二年，邮电部门集中资金、技术、设备，变更了区号，开通了程控电话，基本解决了风景区打电话难的问题。而交通状况没有大的改观。所以，当时交通成为来我市旅游的第一影响因素（除政策因素外）。由于机场没有竣工，在职工作的人们不愿把时光白白消耗在旅途中，退休人士又受不了车船长途颠簸之苦，加之大庸远离长沙、武汉等中心城市，集中疏散很困难。因此，发展大庸的旅游必须集中人力、物力、财力，根本改善旅游交通条件。一是尽快修好飞机场，争取早日通航。二是改造好张家界火车站，争取将张家界至广州的特快列车延伸至深圳，并争取增开张家界的进京列车。三是争取修建桃花源至大庸、宜昌至大庸的高等级公路，添置豪华汽车。以上交通条件改善后，整个大庸乃至湖南的旅游事业将会出现新的飞跃，到那时，旅游业发展中又会出现新的主要矛盾，又要采取新的措施去解决。

张家界大峡谷上的玻璃桥景观

　　要把握旅游业中共性和个性的关系，开发具有地方特色和优势的旅游项目吸引游客，把大庸加快建成独具特色的风景风情旅游城市。

　　大庸要发展旅游，这一点已成为共识，这就是说，旅游风景区内开发建设的项目都要具有旅游的基本属性，要为旅游服务。但旅游的种类多种多样，有文化古迹旅游，如北京、西安；有贸易旅游，如沿海经济发达地区；有观光旅游，如黄山；有体育探险旅游，如滑雪、漂流；有名人故里旅游，如韶山；等等。一个地方不可能包罗所有的旅游种类和游览项目。那么，大庸应侧重开发什么样的旅游项目才具有特色呢？马克思主义认识论中关于共性和个性的基本原理，以及我国沿海发达地区的经验和国外一些好的作法，让我们对上述问题有了新的认识。

　　马克思主义的认识论很明确，共性存在于个性之中，个性表现共性并丰富了共性。就一般旅游来说，它体现在单个旅游项目或某项旅游活动之中，其有特色和个性的旅游项目表现旅游的共性并丰富这一共性。我们研究具体的旅游事务和旅游开发建设，不但要注意各个事物的共性，尤其要注意每个事物的个性，通过对个性的研究去把握共性。就大庸的地理位置和景观特点来看，最具个性特征的有两条：一是以罕见奇特的地形地貌为主体的峰林峡谷山水风光；二是以土家族为主体民族的少数民族风情。这两条是来大庸旅游区别于去北京、西安、桂林、深圳等其他任何地方旅游的显著特征，因而构成具有鲜明个性的大庸旅游热线和宣传招牌。回顾近年的森林保护节之所以获得巨大成功，得到海内外宾客的赞许，主要是开幕式上大型团体操民族歌舞、气功吸引人，还有风景区山水风光迷人。而一些没有个性特色的现代化建筑、没有地方民族特色的商品并不受人青睐。

　　今后，发展大庸旅游，就要在突出个性上做文章。要加强以下几方面的工作：（1）大庸城区、风景区和旅游道路沿线的建筑物要突出民族特色，从外土内洋上体现现代化；（2）接待、服务人员要穿着民族服饰，饮食也要开发地方菜肴；（3）风景区内的建筑，如休息室、服务网点和规划中的索道、升降梯，要以不破坏、不影响自然景观为原则，越隐蔽越好；（4）多组织民族歌舞来丰富夜间生活，不要到处都模仿大都市的卡拉OK；（5）选择合适地点引进资金兴建湘西民族大观，将土家族、苗族的生活情景集中体现在一个综合性大型风景点上，招待游客，迟滞游客的返回时间。创造条件，加快天门山景区的开发建设和张家界有关峡谷风景的开发。想不到十多年后，天门山景区成为旅游新亮点，这里经常以天门洞为中心组织特技飞行表演。前几年，张家界一处大峡谷上建起了玻璃桥，成为武陵源一道亮丽的风景。

从事农业和土地开发，要按自然规律办事，秉持"绿水青山就是金山银山"的理念。

其一："道法自然"

其二："为美最乐"

八　土地招商和三农工作趣谈

作者在参加编制城市和风景区发展规划的会议上指着规划方案发表意见

　　大庸市委、市政府第一届领导班子成员都具有大学学历，大多是理工科专业或文史专业毕业，学经济管理的就我一人。我利用这一学历背景和专业优势，研究并解读城市和风景区发展规划，经常在市里有关会议和学习培训班上解读宏观经济形势和经济政策，在土地管理和涉及"三农"方面探讨用新的思路解决实际问题。

<h1 style="text-align:center">（一）</h1>

　　计划、统计部门所从事的工作涉及经济社会事业的全局，是最重要的宏观经济管理部门。我经常与该部门的负责人分析国内经济形势，研究本市的产业布局和各项事业的发展规划。计划局长杨和平是本地成长起来的一位优秀女干部，长期在计划系统工作，情况熟悉，思路清楚，有全局观念，办事也果断干练。她爱人也是永定区经济管理部门的负责人，有时我召集开会，他们夫妇经常同在一张会议桌上，有人开玩笑说："白天会上讨论的问题，你们回去还可开'枕头会'消化。"

　　我头脑装的全是经济社会发展情况和在大学学到的一些经济理论和经济管理知识，经常结合起来在各种会议上摆弄，一方面在市里的工作会议上解读政策，多少能讲出一些所以然，另一方面在上级有关单位或外地机构来这里召开的各种会议上宣传介绍张家界，成了应付会议、论坛和接待的一个必不可少的环节。

　　在当时那个时期，国内风景名胜区、旅游区是可以开会的。除了以党和政府名义召开的会议外，中央有关部门和教学科研机构以及各类学会、协会在这里召开的会议非常多，而且举办会议的单位大都要请本市领导出面讲几句话，有的还要求市里给会议代表提供减免门票等方便。市领导根据分工，分别与各类会议对接，我分管的工作较多，而且还要经常代表市长去出席比较重要一点的会议，所以我一年四季，不知要参加多少次这种露露面、致个欢迎词而对我的工作关系不大的各种会议。不过，通过参加上面单位在本市举办的会议，既能简要了解有关行业情况、增长见识，又能结识许多朋友和北京来的有关部门领导。有的朋友当时在会上只见了一面，甚至来不及记住名字，想不到若干年以后在北京成了一个单位的同事，又是机缘啊！

　　20 世纪 90 年代初，国家实施宏观调控的政策，控制飞涨的物价，当时储蓄存款下降，银行资金紧张。中国银行总行在张家界国家森公园内的琵琶溪宾馆召开全辖存款工作会议，刚升任中国银行行长助理的羊子林同志主持会议，我代表市政府到会祝贺，借机会介绍了全市情况，希望中国银行加大对大庸的支持。对一个地级市的信贷支持主要是中行湖南省分行的事，当时湖南中行行长龚光和对我说，"张家界地区的工业比例小，信贷规模也小，支持你们建几个星级酒店，把我们请来的客人接待好就行了。"为了争取中行的支持，我特地陪同羊子林行长助理考察了还在兴建中的张家界机场和改扩建中的张家界火车站。看到热气腾腾的建设工地，中国银行的同志对张家界未来的发展充满信心，因为这里兴建的是交通基础设施，是解决发展中的瓶颈问题，而当时沿海尤其是海南出现的开发热潮主要集中在房地产上，许多资金用于炒地、炒楼，湖南有多家银行的部分资金通过各种途径和名目投到这些房地产上去了，朱镕基副总理批评内地省的资金投向广东炒房地产的现象是"穷帮富"，湖南省的领导当时见到朱副总理都不好意思。一些银行的行长们也因此而受到朱镕基同志的批评。张家界没有投资过热的情况，这里的接待条件比较落后，当时湖南中行抓住机会汇报，最后在中国银行总行的支持下牵线搭桥并积极配合，帮助市里引进了香港商人范先生，由这位客商投资、中行给予信贷支持，将市里最高建筑的一座烂尾楼——大庸宾馆进行改扩建，一年后成为当时市里唯一的一家四星级酒店——大庸祥龙国际大酒店。这家酒店开业后经营不错，很快收回了投资。

在这次中国银行召开的全辖存款工作会议上，当时和我相识的与会人员中，除了湖南省中行的几位同志外，只有来自天津中行的朱赤，我们俩是中国人民大学同届同学，而且都是学经济，所以见面很亲切，他后来调至总行任办公厅主任，我们也经常见面。至今更令人难忘的是，参加这次会议的多位同志虽然当时只认识湖南中行的办公室主任曾志泉，但这些当时印象不深的与会同志后来分配到中国东方资产管理公司而且都进步了，大都当上了有关省里东方公司办事处的一把手，有的后来当了总公司领导。东方资产公司成立时，绝大多数干部员工都从中国银行调配过来，有的人随业务走，有的两夫妇在中行、必须过来一位。曾志泉同志从中行湖南省分行副行长任上调来东方资产公司任总经理直至退休，为长沙办事处培养并向总公司和兄弟办事处输送了近十名高管，并为该办事处的发展打下了很好的基础，现在炙手可热的极具潜力的好项目——长沙曙光集团留下的城中心200多亩土地开发，就是曾志泉总经理主导从中国银行湖南省分行划转过来的。老曾言传身教培养的儿子曾玉恒多年前就已担任中行省级分行的副行长。参加会议的来自浙江省中行的陈建雄，后来任东方公司杭州办事处副总经理，调任总公司人力资源部总经理不久，被提任东方公司总裁助理、副总裁。来自四川省中行的张杰武，曾任东方公司成都办事处副总经理，他很善于协调关系，处理政务，后被调任总公司任总裁办总经理。有来自海南省中行的林海，还有来自陕西省西安市中行的李光明、来自广西壮族自治区中行的钱峰，后来都担任了东方公司省级机构的一把手。这些同志来东方公司以后得到提拔重用的确与我有关系，因为我在东方公司担任一把手多年，起用了大批优秀人才；但他们的提拔重用与我当时在张家界见过面又确实没有任何关系，因为当时仅一面之交，相互说话的机会都没有，更谈不上有什么印象了。

在旅游城市和风景名胜区工作很有意义，除了分内分管的工作认真做好以外，我对各方来客的接待和应邀参加各种会议，也抱着真诚的态度认真对待，绝不马虎，把应酬当成交真心朋友，当成学习长见识的机会。

中国商学会曾在大庸市召开学术年会，我应邀前去致辞。会上见到了中国人民大学师兄、校教务长纪宝成教授，听他解读了邓小平1992年春南方谈话的精神，对社会主义市场经济体制加深了认识。他谈到一个人大学毕业后在职学习培训和继续教育的重要性并举出数据说，大学时期班上许多同学在学识水平等方面差距并不大，毕业若干年后再比较却发现差距很大，一个重要原因是毕业后各人继续学习和在职培训上有差距。我听在心里，从此加强了在职学习，5年以后通过考试考取了人民大学的在职研究生，几年以后又攻读博士并取得学位，在1999年人民大学的博士学位授予仪式上，由时任人民大学校长的纪宝成亲自颁授，我很荣幸，两人握手，好亲热啊！人生之路漫长，机缘巧遇何其多。

（二）

应邀出席各种会议并在会上介绍张家界的经济社会发展情况，展望未来的发展规划和前景，已成为自己经常性的工作。我根据市长讲话精神，将武陵源风景区旅游开发规划概括为四句话：发展军地坪（索溪峪），控制锣鼓塔（张家界森林公园），调整天子山，开发野鸡铺（在中湖乡范围）。后来，市委党校举办干部培训班，也经常请我去为学员讲课，主要讲上述内容。为了讲课方便并取得好的效果，我自己画了一张草图，将全市产业布局的功能分区规划、重点建设项目位置、交通情况等清晰地标注出来，并请美术专家绘成一张比较精美的彩色图纸，卷好放置在办公室。每当我拿着图纸出门，大家就知道并轻声说："梅副市长又去给什么会议或学习班讲市里的发展规划蓝图去了。"

在我分管的工作中，最重要也最复杂的是国土规划，最难管理的也是国土管理。可就是国土管理这项工作，我受到湖南省人民政府的表彰和奖励，获得光荣的奖状和证书。

作者在市委党校给学员讲授宏观经济形势和全市发展战略

当时，党中央国务院对国土管理已很重视，多次三令五申，防止乱占乱建、少批多占、未批先建的现象。市国土局局长谷中山，曾担任过湘西自治州永顺县委书记，工作能力很强，办事果断，敢负责，有担当，我们配合得很好，实际上许多工作是他组织大家干的，包括我这个"全省优秀国土管理领导干部"的奖项，也与他全力争取有很大关系。有一天，国家土地管理局来了一位干部，说是在沿海某省检查土地违规现象，发现问题很多，但查不下去，省里不支持甚至不欢迎他们去查，碰了一鼻子灰以后来张家界散散心，也顺便听取我们市里汇报。市国土局介绍了我们"先规划、不圈地、卖活地"的经验和作法，这位国家土地局的同志很感兴趣。当时一段时期，许多地方尤其沿海一些地区土地管理比较混乱。许多开发商或投资客以投资兴业为名，要求地方政府提供土地包括大片农田菜地，给少量定金就要圈定大片土地，然后打上广告牌去招商、要银行贷款，要求地方政府垫资征地拆迁费用，地方政府为了引进资金，忽悠老百姓腾地搬迁。有的项目资金到位了，规划获批了还能正常进行下去，而有的项目出现资金等问题，项目不断在开发商和投资者之间倒手炒作，资金长期到不了位，吃亏的首先是农民，其次是发放贷款的银行，大量不良资产就是这样形成的。而我们市的做法不是这样，市里明确规定：欢迎投资，但项目必须服从风景名胜区规划和土地利用规划、城市建设规划，在此前提下，资金不全部到位，农民不搬迁、征地不进行，即让农民正常耕种，一定的保证金只是保证这块项目用地不另行转让给别的投资开发商，这就叫"先规划、不圈地、卖活地"的土地管理思路和办法。国家土地管理局的同志总结了我们的作法，高兴地说，在张家界很有收获，回去好交差了。

我们不是纸上谈兵，而是有许多鲜活的事例。台湾商人李慕军先生祖籍山东，自己也是在大陆出生后随父亲到台湾定居的。经省对外经贸委推荐，他来张家界进行投资考察时显得很有实力，与他同行的台湾同胞也都说李总经理是大老板，很爱大陆，已看中张家界，下决心投资兴业。李先生身宽体胖，像重量级举重运动员，身体结实，手上戴着嵌有绿色类似玛瑙石的金戒指足有大拇指指甲壳那么宽，初次见面，给人气度不凡的感觉。过了不久，他又来到市里，而且带着夫人，跟着两个助手，并说已看中了市区南庄坪这大片地。南庄坪就在澧水河畔，与老城区隔河相望，现在是新的市政府和多家市直机关所在地，而且已建有许多干部职工宿舍。可当时这里是县农场、农科所，土地平整，拆迁任务相对较小，根据市里当时的规划，新的市政府机关没有安排在这里。李慕军看中这大块极其潜力和商业开发价值的地方以后，提出了综合开发的设想，而且找专家画了一个有美好远景的蓝图，图中安排有公共设施、政府机关、公益项目和商业服务设施，设想的建设规模很大，构思新颖，确实令人心驰神往，恨不得快落地，市里也成立了项目工作小组，负责与李先生对接。李先生选择离市政府不远的市农业银行内部招待所住下，而且租用这个招待所半层楼房，装模作样在此办起公务来，并要求市里给优惠政策，控制住南庄坪的基建。市国土部门按政府要求，积极配合，但是，投资人钱不到位，一切动土、动地、动迁的手续不能办，农民照样耕种。

过了几个月，不见投资款落地，李先生经常往来于大陆与台湾，当时市里不通飞机，来回一趟不容易，他每说起在长沙、广州等地找票贩子买火车票等事情，显得很无奈。为了进一步表示诚意，他租用了城区边缘一家带院子的二层楼民房，把父母也接来安住，农行招待所的办公用房继续使用。李慕军先生的父亲是在台湾退休的军官，据说参加过淮海战役，后来随国民党部队逃至台湾并在台湾又找老婆成了家，这次，台湾的老两口来了，当然这个台湾太太显得比老头子至少年轻十几岁。李慕军人很孝顺也很有心机，此前他早几天到山东老家把生母从农村也接到张家界来了，让其亲生父母在此相会，我们市里几个负责人应邀作客。李先生的生母是个很老实的农民，没有文化，显得很苍老，本来也老了，又不会说过多的话，在这种场合更是躲到后面屋子里不肯多露面。其台湾的继母很开放、灵光，除了与我们打招呼之外，还特地去后屋把李的生母请出来，我们只是没听清楚她是怎么称呼的，大概是叫大姐吧。用餐用到一半，这位继母见李的生母在桌上放不开、吃不好，便动员自己的老公与前妻即李的生母到后面房子里去吃了，边吃边聊天。二位曾经的夫妻走开以后，李的继母轻声对我们说："他们几十年没见面了，机会难得，让二位多聊聊，咱们吃咱们的。"见到这个场面，我们都内心赞赏这位继母心胸大度会做人，屋里帮忙打杂的人说，来自台湾的继母很不错，晚上自己在二楼单独睡，让老公下楼与原配夫人一起聊天休息。是啊，都是七八十岁的人了，在一起睡又怎么样呢，不去想那么多。

李慕军先生对张家界投资表现出少有的诚意，问到钱什么时候到位时，总是搪塞过去，要求再等等。可是，市里等不得呀，人代会时，有代表质询怎么办。就这样拖了近一年的时间，这位李先生不辞而别，幸好我们讲的卖活土地，对农民没有影响，只是耽误了我们当干部的一些时光，但我们经受住了诱惑，守住了土地管理的红线。

（三）

当时来张家界投资的台商，成功的主要在中小型酒店、餐饮行业，城区和武陵源区就有多家餐馆是台湾老板投资办起来的，由于引进了一些粤菜和闽南菜系的品种，既满足了游客的需求，也丰富发展了以湘菜为主要特色的旅游区饮食文化，索溪峪索溪河畔的台湾山庄，就是当时由台湾商人刘先生牵头组织多家台商投资兴建起来的。刘先生这帮人很实在，有多少钱就办多少事，而与这家台湾山庄一路之隔的天际大观园酒店，就留下来许多故事。

1992 年春邓小平南方谈话以后，珠海西区的大开发热浪滚滚，炸平山头、填海建机场的新闻如雷贯耳，钟华生的名字也很响亮，他也确实办了一些大事、实事，为珠海发展做出了贡献，"今天借你一桶水、明天还你一桶油"的口号就是他提出来的，这也成了以地生财、招商引资的代名词。湖南省引资若渴，当时省里文化界几位名人在珠海发展并认识钟华生，建议他去湖南张家界投资。钟华生动了心，便邀请省领导和大庸市政府负责人去珠海参观正在填海建设的机场和珠海高栏港口，我陪同省政协主席刘正前往考察。钟华生在珠海宾馆的一栋小楼接待我们，介绍了珠海西区大开发的势头，还特意讲到他们在河北保定地区已大手笔投资开发白洋淀的情况，表示愿意按白洋淀的投资开发模式即类似新加坡政府开发投资苏州工业园那样，由他招商引资，大包大揽，整体开发张家界，希望我们省市政府发文件支持。刘正主席和我们一行都听得很兴奋，回省里后不久，在刘正同志的具体推动下，省政府真为珠海西区开发投资张家界专门下发一个正式红头文件，明确了开发的范围即整个张家界风景名胜区及周边可控的地方，列举了省里给的优惠政策，确定了工作机构等事项，这是我在大庸工作 5 年多时间见到的上面最为重视的一次招商引资安排，当然也是最大的一次忽悠。

省里和市里行动起来以后，钟华生百忙之中抽出时间带领一班人来张家界考察，省里由政协主席刘正和省直有关部门负责人陪同，市里当然也按高规格接待，钟华生个子不高，在考察中走在前头，远看并不显目，可抵近观察，他还是蛮有派头的，虽然只是一个正处级实职，可能享受到厅级待遇的干部，但在正省级领导和一大帮厅局级干部的陪同下，在人家的地盘上说起话来很少有商量和建议口气。在景区内参观，走到一处景区前停下来说，这里要建一个"仙人居"，又走到一个地方用手指着一片台地说，这里可建一个"望月台"，殊不知，风景区内是不允许随便有人工建筑的。在风景区外围他也就交通设施建设摆出了大胆的设想。总的来说，钟华生设想以张家界风景为实景，配合外围工程，在这里建一个"天际大观园"，让游客进来了感觉奇异鲜艳，不知道出去，也不想出去，就像刘姥姥进了大观园一样。规划是否通得过，先不说，资金概算要好几十亿元。"资金你们不用着急，我们珠海西区本身没有钱，但我可以为你们引来巨额资金。"钟先生面看风景、站着说话，显得信心十足。

实地考察完以后，珠海西区专门设立一个公司，注册地在长沙并在省消防总队办公楼租了几间房，湖南省著名作家水运宪先生招了几个人在那办公。为了造声势，这家公司在武陵源的索溪河边树了几块招牌，写上"天际大观园"几个大字立在那里。就此以后，投资建设的声音越来越小，钟先生的名声也在大打折扣。也可能是照顾湖南省的面子，珠海西区通过设在长沙的公司在索溪峪投了几百万元建起了"天际大观园酒店"。除此以外，由于没有资金投入，省政府文件上所列出的开发范围、配套优惠政策以及钟华生实地考察时表示要做的建设项目都成为一张废纸、一嘴空谈。好在我们市里和景区的建设开发一直按自己的计划稳步推进，不受影响。据说河北白洋淀的旅游开发就因为在类似的情况下盲目上马，最后资金不到位而又使项目停工造成实际损失，保定地区的有关干部被追究了责任，这与其个人用权有关。

在地方党和政府担任要职，处理的事情多，责任大，权力也大，当这种权力的监督不到位、个人又守不住底线时，腐败就会滋生直至疯狂的程度。我的脑子比较警醒，自己笑称："常在河边站，不仅不湿鞋，而且眼都不睁开。"深知有权不能乱用，平时注意自己的形象。

张家界常务副市长，在张家界就是公众人物，一举一动都受人关注，我经常在会上讲话，又坐在主席台上，经常上报纸、电视，走在大街上很多市民都认识我，见了主动打招呼："梅市长您好！"这使我时刻保持警醒，始终注意自己的言行举止。因为分管旅游的关系，我经常要接待海内外来访或投资兴业的客人，有时还要给他们安排一些活动，安排客人跳舞、唱歌、足浴等等。我给自己定了一个"三不原则"：一不洗脚，二不跳舞，三不按摩，只管吩咐安排客人，活动过程不陪着。当时交谊舞在各地都很盛行，旅游区作为对外开放的一个窗口，更加需要搞好接待工作。为此，还从省城请人到张家界教练交谊舞，我还趁机学过几回，但因为对跳舞的兴趣本来就不大，也不喜欢喧闹的场合，舞感又不好，学了几次学不会就放弃了。但为了让一些重要的客人尽兴，我总是事先坦诚相告自己不会跳舞，热情安排但不陪着，每次安排好舞会，只要音乐响起来，客人舞起来，我就悄悄地走了。

我注意到，发生在身边的一些事例对自己也有很大触动。一位有关领导去下面的县里调研，人还没回来，但传言先来了，说这位领导被舞伴的老公打了，如何如何，越传越走样，舆论影响很不好。后来这位领导回来谈起这件事，才明白实际情况。舞伴的老公是县局机关的干部，回家看到只有小孩一个人在家，知道老婆跳舞就找到了舞厅，并在舞厅说了些指责老婆的话，两人闹得很不愉快。事实上，对这种传言没有办法澄清，只能听之任之，但舆论影响一时半会儿很难消除。因此，我一直很谨慎，很怕沾上不良习气。我的业余爱好就是游泳和散步，到现在，我退出领导岗位了还是这样。

（四）

国土管理与"三农"即农业、农民、农村问题紧密相连。我当年在大学的农业经济系所学课程中，就包括土地管理和生态环境专业课，这两个专业后来都从农业经济系分立出来，成立了人民大学土地管理系和生态环境系。地方对"三农"工作很重视，市委设立有农村工作领导小组，市政府有一位副市长专管农业。经济社会问题很复杂，每一项工作也不是孤立的，我虽然不直接分管"三农"，也不是其领导小组成员，但心中始终有"三农"情结，所学的专业知识也需要自己从日益发展的社会变化和农村、农业工作的鲜活实践中充实、提高、更新。

市委市政府领导成员中的许多同志对"三农"问题很熟悉，他们的意见、建议和解决问题的思路使我深受教益。市政府分管农业的副市长严高明，担任过县委书记和地区有关部门的主要负责人，经验丰富，为人诚恳、正直、和善，而且特别善于从复杂的"三农"问题中找准主要矛盾并提出解决问题的思路和方法。我们相互支持，配合默契，他常拉我去出席并主持有关会议，我也趁机去听听会议情况，有时也表个态：在自己分管的工作上给予支持。虽然我有农业经济的专业背景而在实际工作中没有分管过"三农"，但"三农"问题的情结一直伴随我在张家界的岁月。

按照市委加强"三农"工作的要求，市委常委们都要在农村蹲点，我的联系点安排在武陵源区的中湖乡。这里与天子山的西麓和张家界森林公园的西北侧接壤，到风景区只有几山之隔，直线距离不到 10 公里，但交通非常不便，耕地瘠薄，农业增收渠道少，当时整体还比较贫困，尤其是这个乡的少数村由于水质有问题，缺碘的地方病严重。有一个石家峪村，全村不到 1500 人，却有 120 人智障残疾，成了当地有名的"傻瓜村"。这 120 多个智障残疾中，有 50 人生活不能自理，其余的七八十人能基本正常生活。这个村当时既面临脱贫和民政求助，又面临计划生育难题，而且这两个问题结合在一起，不能让他们再陷入"越穷越超生、越傻越超生"的恶性循环，因为残疾和智障人中的大部分即这个村的那七八十个人有生育能力，但他们不懂也不愿意计划生育，别的活要人教才会干，就是男女之间这生孩子的事不让人教，早早就会了。让他们生育的话，其后代十有八九又是智力障碍儿童。为了解决这个难题，经乡政府研究并报区里计划生育部门同意，做这些人的工作，让他们接受绝育手术后纳入"五保户"范围，平时还给补助，除个别残疾人外，大多做不通工作。乡政府也没有什么好办法，着力从发展经济、改善饮用水质、改进居住环境条件入手，在上级政府和有关部门的支持下，增强其造血功能同时通过民政救助和扶贫，适当缓解这些因智障而陷入深度贫困的群体。经过多年的努力，石家峪村和整个中湖乡的面貌已大为改观。现在户户门前通了公路，家家住上新房，喝上自来水，残疾人得到照顾，精神病人得到隔离治疗。

我联系的中湖乡，具体蹲点是野鸡铺村，这个村与张家界森林公园接壤，通过崎岖的山路可直达公园西边有人把守的一个小门。我帮助做了一些工作，改善了道路，让农民开着摩托车、拉着小三轮、开着拖拉机可直通森林公园门外（不能开任何车进入公园），农民下车后挑起蔬菜水果和鸡鸭禽蛋等自家产品进公园销售，增加点收入。这些农产品天然绿色，价格便宜，很受公园内酒店老板和游客欢迎。

蹲点是要住下来的，我被村支书安排住在靠山边、房子整洁、平时比较爱干净的农户家里，每次下来一般住两三天，白天在村里开会，村干部陪着到处转，晚上和早上在住户家里吃饭。这住户有一个十来岁的男孩，和我的大儿子一样大，见到小孩很高兴，第一天的早饭和晚饭都没见他同家人一块吃，我有点纳闷。第二天我清早起床，就见小孩一个人在吃饭——蛋炒饭，没有其他菜。一问才知道，村里虽有小学，但不设高年级，他必须走到十多里外的中湖中心小学去读五年级，路上要花费一个多小时，必须早上六点多就要起床。原来在农村，除了凌晨去卖菜、贩菜的菜农之外，起床最早的群体是小学生，农村的中学生一般住在学校。

我在桑植县出差时，住在县城的招待所。有一天清晨听到街上有人说话便出来走走，并到菜市场转转，和菜农聊天，了解县城起床最早的人群依次是：菜农、环卫工人、中小学生。不过，菜农、环卫工人虽然早起，但他们都早睡，可怜这些中小学生放学以后作业一大堆，他们可睡得很晚啊！我听到这样的故事：那些家中有小孩上学且自己又要早起去菜市场贩菜做生意的年轻家庭，留下的妇女送走丈夫和小孩以后自己上床还去睡一个"回笼觉"，这就给了隔壁左右不正经的男人带来了机会，这些男人常常早上"打野鸡"，据说有的男人一清早可以打两趟野鸡即睡两个女人。许多做小本生意和种菜的农民挤住在城乡接合部，几户之间就用几块木板相隔，做这种事很方便，也没有人管，吵起架来看热闹的人多的是。

农村居住分散，许多学生家庭离学校较远。我在中湖乡野鸡铺村蹲点住户的小孩除节假日外，一定要较早吃完饭后在七点左右出发才不迟到，他家离中心小学还不算最远，更远的小孩要走2个小时。更令人心痛的是，上完三节四节课后，学校不管饭，这些学生饿着肚子玩一会儿后，下午继续上课，放学回到家里已饿得饥不择食，住户家长只好又在大人用餐前先做点饭菜让小孩先吃。这可不就是"见到小孩但总见不到小孩与大人一同吃饭吗"？知道这个情景，我也禁不住偷偷抹一把眼泪，并塞给了住户20元钱，让孩子中午买吃的，我的小孩也和这些小孩一般大小，他们在长沙读书，听到这些活生生的事例，不出自其父亲之口是不会相信的。

此后不久，我又一次来到中湖，这次让市教育局长罗春晖陪同，一起与乡政府和野鸡铺村的书记、村主任研究了在野鸡铺村兴建完全小学的事。罗局长心里有准备，向我伸出了手掌，即可支持5万元以上，于是现场决定支持几万元在原来小学的旧址重新建一所完全小学。后来在市区两级教育、财政部门的支持下，野鸡铺新小学很快建成，村里特请我去参加了新小学启用仪式。我高兴地去了，算是亲力亲为，用政府的钱在农村办了点实事。令人欣慰的是现在学生中午都有营养餐，上学条件彻底改善了。

<h1 style="text-align:center">（五）</h1>

在地方政府工作，遇到的突发事情较多，责任感强的领导，一年四季头脑中总是绷紧一根弦，准备应对突发事件。1990年的夏秋之交久旱不雨，这年9月20日桑植县新街乡突发山火，风助火势，烧了两天，火带长达10余华里，过火面积很大，消防战士和民兵都上去了，不解决问题。这天晚上，市里开会研究部署到深夜，接到省政府同意调派驻地武警部队去灭火的通知，书记让我带队前往。我和50名武警战士半夜出发，路程大约130公里，估计在凌晨三点左右到达。这是我人生第一次也是唯一的一次带领部队去执行任务，出发之前，部队领头的来一句"报告首长"，半路上停车撒泡尿，也听到"报告首长，请指示"，我没当个兵，不知道部队套路，有点不好意思，也不知怎么回答，只是说："快走吧，快走吧！"车过桑植县洪家关，老天爷看到贺龙元帅的面子，开始下雨了，当然我们不能停车。过了桥自弯以后，雨越来越大，路过一段挂壁傍山山路，这个地方山下河流叫山羊溪，在一段有巨石的地方叫猪母娘泉岩壁，公路呈半隧道状态。正好避雨，我在前面小车上，知道战士分成两辆敞篷的货车，他们一直在淋雨，便招呼停车，让大家在山边岩壁巨石下面躲一会儿雨，稍作休息。实际上，雨天在山区路边岩石下面避雨是很危险的，一旦山洪暴发，泥石流灾害随时在路边有可能发生，碰上这种情况，后果不堪设想。当时没想这些，休息片刻便继续冒雨出发，到陈家河山火发生地时，天已亮了。在现场组织指挥的桑植县常务副县长覃章厚面带笑容向我走来，没等他开口，我也猜得出：刚才的大雨帮了大忙。他说："托市里面的福，老天爷帮忙，火势已控制，许多地方已经熄灭。"我们简单商量以后决定让部队同志和灭火人员不要松懈，上山拉网式检查，彻底扑灭余火，防止死灰复燃。忙活了一天才将大部队撤下，只留下少数人员监控过火区域和周边山地。我带领武警部队去灭火的任务就这样胜利结束，只是一晚没有睡觉。

　　张家界这个地方，发生洪涝灾害的概率要比发山火灾害大得多。全市位于武陵山脉的东北部，澧水河从全市三个县穿流而过。这条河的水量大、落差大，发生洪水时常常形成洪水洪峰的叠加，破坏性大，我虽不管农业，但年年要参加抗洪救灾，灾后也常常从水利建设的长远规划和灾后重建、生态补偿政策方面思考一些问题。

　　1993 年 7 月 19 日至 23 日，湘西北发了一次大洪水，澧水中上游普降特大暴雨，张家界遭受了中华人民共和国成立以来最大的洪涝灾害，全市全面受灾，局部惨重，直接经济损失 6.67 亿元，因灾死亡 43 人。刚刚脱贫的农民中，将有 8 万多人因灾返贫。由于这次灾害系五十年一遇，对灾区以家庭联产承包责任制为基础的农村经济造成全方位的冲击。抗洪救灾过后，灾后重建工作成为市委市政府的一件大事。我深入灾区进行调研，对怎样补偿、怎样安置、怎样调整责任田等等问题提出了政策建议。

　　安置好无家可归的灾民是生产自救的首要环节，市委市政府采取了一些行之有效的措施。由于这次洪涝灾害以水冲、砂压、山体滑坡为主要特征，导致灾区特别是重灾区地形、地貌发生变化，致使 21 万亩耕地表土荡然无存：一部分治河造山的耕地变成了河床，一部分责任田界址不清，一部分田土因山体滑坡造成重叠，还有部分靠近溪沟及河流沿岸的田土被山洪刮走。这种种情况造成部分农户基本失去了赖以生存的土地，成为缺田甚至无田户。因此，调减有农户的田土要慎之又慎，调整的方案经村民讨论，得到大多数村民同意方可进行。由于引导得当，全市没有引发林土上的纠纷。

　　当时，党的十四大已经闭幕，大会提出要建立社会主义市场经济体制。在向市场经济转轨的新形势下，对贫困地区的救灾工作也要给予特殊政策。第一，在实行财政补贴的贫困市县，应建立由省级财政补贴的救灾专项基金，实行像农副产品收购资金一样的专项管理办法。这样，一方面可以防止吃财政补贴的市县平衡赤字时平时花掉准备金；另一方面，省里察看灾情后可以及时将救灾款就地拨付到位。第二，上级金融部门主要是各银行为启动受灾企业给的救灾贷款，一定要既带规模，又带资金，否则就会落空。第三，在大庸尽快建立国家粮食储备库，当时的灾粮从常德等地运到灾区，运费高、粮食运输企业不愿将运费挂账，以致销往灾区的粮价，灾民难以承受。第四，以工代赈的政策，要向受灾的贫困地区倾斜，特别是救灾的以工代赈项目，应进一步简化手续。第五，以这次救灾为契机，大力发展城乡的保险事业。今后，灾后的自救和生产的恢复，要逐步走上政府牵头，以各级各类保险机构和企业单位定损赔付为主、社会各界支持为辅的规范化道路。

我还结合大庸的实际，就如何提高水利基础设施建设质量，如何对水库平时调度和汛期管理采取不同的办法提出了自己的看法，地方党委和政府要注意培养和造就一支作风过硬、善于应对和处理突发事件、有较强工作和管理能力的乡镇干部队伍。我的上述想法和意见建议曾形成一个综合材料，受到湖南省领导的重视，时任湖南省委书记熊清泉、省长陈邦柱和副省长王克英都作了批示，成为制定有关灾后重建政策的重要参考。尤其王克英同志在这一年七月洪灾后的第三天即率领省政府灾情视察组30多人到市里察看灾情，慰问灾民。此后他经常见到我就说："大笔杆子，最近又有什么大作啊！"

王克英同志是我非常尊重、敬佩的一位好领导、好乡亲，他是我们临湘市人，我们老家只相距十多里路程。在华中科技大学毕业后，他到长沙机械制造部门工作，当过长沙水泵厂厂长，在改革开放的新时期，他作为知识化、专业化干部的典型被选拔进党政机关，先后担任长沙市委常委、副市长、市长，出任省财政厅厅长以后以其创新的理财思路和财税管理获得全省各地好评如潮，尤其他对湘西等经济不发达地区更加厚爱，在其职权范围内帮助解决了许多困难和问题，在省人民政府的换届选举中，他被代表高票选举为副省长。当时他分管农业，对大庸的支持很大，每次来市里指导工作，都要把我叫到他的住地，给我许多教育和帮助，包括从政方面的注意事项，使我长期受益。后来，王克英同志又担任过常务副省长、湖南省政协主席、全国政协人口资源环境保护委员会副主任，上上下下留下很好的口碑。走在家乡岳阳尤其临湘的高速路和大街小巷，能经常听到干部群众称赞：这条道路、这座大桥是王克英同志当年支持建的，那所学校、医院是王克英同志拨款建起来的。这都是事实，难能可贵的是，在当今，领导决策体制规定重大事项和财政资金安排由集体决策的现实工作中，既要照顾家乡，办成事、办好事，又不违规，更不违法，也没有一点一滴入自身和亲友腰包，这就是王克英同志办实事、会做人的高明、可贵之处。在北京的多位乡友聚会谈到家乡变化时都赞赏：王克英同志是把方针政策的严肃性、原则性和实际执行过程中的灵活性把握得最好的领导。当时有这样好的省领导关心我并开点小灶，我到省里汇报工作、争取支持常常很得心应手。

天道酬勤，这四个是至理名言。在张家界建市之初艰苦奋斗的同志，后来的人生之路上都在不同地方和岗位干得风生水起。由于年龄原因，也都会退出工作岗位，但我们之间犹存碧水深情。我就此书写两幅作品，其二是荷叶诗：

　　其一：青归花不落，风静月常明。
　　　　　借得武陵秀，迎来气象新。

　　其二：长在泥中本自清，岂因玉立遍传名。
　　　　　纵然世态炎凉甚，到老犹存碧水情。

九 张家界历练给人生活添彩

大庸地级市第一届市委和市政府任期届满以后，从第二届开始，不仅大庸的名称改为张家界市，而且市级领导的结构发生了较大的变化。一大批本地的干部成长起来了，他们在各自单位受到重用，挑起了大梁。从省直机关来的干部基本上陆续回到省直机关，刚开始都比照在大庸地级市的任职级别做了相应安排。包括这批同志在内的参与大庸地级市筹备和新建的干部后来发展如何，其人生轨迹有什么新的变化，这是许多读者关心的事，本人凭眼力和记忆，记录其中部分同志的出彩人生，也交代自己此后的变化。

<h2 style="text-align:center">（一）</h2>

我们这些调离大庸即张家界的干部中，走得最远、进入庙堂最高、影响也最大的是市委书记、市人大常委主任赵杰兵同志，他在这里工作四年多，市委换届的前一年调到中共中央组织部。赵杰兵要求自己极为严格，从不讲排场，离开的时候是冬季的一天清晨五六点钟，为的是不打扰别人。除了几个同志送上大道以外，市委机关的多数同志听到院子里汽车响声即赶来，目送他坐着从市农业银行借来的货厢车北去京城。在中组部干部教育局局长的岗位工作一段时间后，他很快荣升为中组部的副部长级领导，我们都高兴并向他祝贺。说来也巧，他到中组部工作两年后，我也从湖南省经贸委调到中央办公厅工作，而且同住在北京西边的一个小区里，我家的北边凉台正好对着他房子的南边凉台，真是遥相呼应。还巧合的是，他后来调到中央企业工委任副书记，我调到中央金融工委任宣传部长。这两个工委几乎同时成立、又同时撤销之后，他任中国保险监督管理委员会的纪委书记，我任中国东方资产管理公司总裁，这两个单位同在一栋楼办公，我俩同在一个食堂吃饭。后来，中国保监会虽然搬到新楼去了，但我俩又同任全国政协第十一届委员。更为巧合的是，今年初，中国保监会和中国银监会合并为中国银保监会，我与赵杰兵同志正好都退休了，他是退休的领导干部，我是退休的企业高管，归银保监会管理。从会合张家界开始，各自在不同的多个岗位工作几十年后又回归同一个单位，这难道不是机缘吗！不过，有这样的机缘和巧合，却很难在宴会、应酬、

庆典之类的活动中碰上赵杰兵，因为他从不参加这类活动，也就是说，他既不接受别人宴请，也不主动宴请别人，只是遇到张家界的人和事略有例外。有一次，大概是2000年夏天，时任张家界市委副书记的郭树人在中央党校中青年干部培训班学习。赵杰兵自掏腰包，在住地附近的一家招待所摆上一桌酒菜，请郭树人吃饭并要我作陪，席间谈笑甚欢。党的十八大以前，张家界市委市政府每年春节前都到北京搞一次团拜联谊活动，请一些与张家界有亲情和工作关系的同志参加，市里领导借机开个会，介绍市里改革发展情况，赵杰兵同志常来出席，但只听会并讲几句鼓励的话，然后离席回家吃饭。

赵杰兵同志严格自律的事例很多，有时对同志的要求严格到近乎苛刻的程度。正是因为他作为班长率先垂范，张家界市委一班人也带头从严要求自己，这样形成的艰苦奋斗的精神在全市深入人心，也使许多人长远受益。有人不完全统计过，当初参与新市筹备和初期建设的人员中，进步的多，进去即犯法而进入牢房的少——当初几年为零；家风好、家庭关系稳定的多，离婚的少；从现在身体状况判断，长寿的多，短命的少。

参加筹备和新建张家界市的同志中，大部分都留下来一任接一任干，其足迹在这片9600多平方公里的热土上闪光，其中的杰出代表和领导人物是肖征龙同志。他在这里创造了多个第一：第一任市长、第一任市政协主席，第一个书记与市长一肩挑且超过一年的主要领导。他在这里担任党政主要领导的时间有十多年，退出领导岗位以后仍然满怀激情，从事调查研究，提出真知灼见，同时批评一些社会丑恶现象，在干部群众中有很高的威望。66岁正式退休以后，搞起了学术研究，继续发挥余热。去年党的十九大刚闭幕，他又为一些基层干部讲党课，宣讲十九大精神，而且能在讲台背诵十九大报告中的许多重要论述，令人感动。年近八十了，肖征龙同志为纪念建市30周年写了一本专著《旅途——难忘的忘记与直率的建言》，仍然力挺张家界，继续伴随着张家界从筹备到新建、从发展到跃上新台阶，走向新时代而演绎个人人生传奇！

当时市级班子中的燕北雄、汪春初、何成林、谷臣章、廖丽君、甘其受等同志年长且经验丰富，德高望重，在干部队伍中起了很好的传帮带作用。当初的县处级干部、后来在市级领导的岗位上任职多年的卢建国、朱国军、杨泽民、陈官炼、杨和平、符昌瑞、郑荣春、阳五保、刘春庭、任朝东、谷中山、王云电、刘纪福、赵上才、杨守彩、刘春祥、尚立润、谢春阶、龙家桂、饶升梅、尚道伦、尚武、黄永驰、陈美林等同志，为张家界的发展默默奉献直至退休，都是开发、建设张家界的有功之臣。

<h1 style="text-align:center">（二）</h1>

　　新的第一届市级领导成员中第一个被省委调走的是市人大常委会副主任周绍明。这位女同志给人的第一印象是目光炯炯有神，快人快语，精明能干，好一位才貌双全的知识女形象。这位学中医的大学生，在上海出生并长大，大学毕业后响应党的号召来到湘西工作，同来的同学陆续都回去了，她却扎下根来一干就是 20 多年，并与湖北武汉来的一名科技工作者结为夫妻，生有两个男孩。大庸市筹建时，她在原大庸市人大常委会任副主任，实际工作是在市中医院当院长，又是党外人士，在新的大庸市第一届人民代表大会顺利当选为市人大副主任，并驻会负责人大常委会日常工作。

　　周绍明同志很健谈，也很好客。有一次周末，我上她家去串门，四口之家，住两间平房。推门进去，映入眼帘的是从房子中间墙壁接到门边的电灯开关拉线，这拉线的中间还拴上一节线接到床头边，进门和晚上睡觉时开关电灯倒是方便，可实在影响房间视线和整体美观。屋里家具陈旧，摆设简单，只是书多一点。看得出，她和丈夫忙于工作，没有什么工夫也没花心思在家庭布置上。后来，市里修了干部员工宿舍，她的住房才得以改善。在市人大常委会副主任任上工作两年后，省委调她任省卫生厅副厅长，主管中医药工作。随后，她又被选为全国人大代表，履职的每年"两会"期间，我都收到过她从人民大会堂或代表住地寄来的首日封和纪念邮票，相信不少张家界的老同事也享受过这一待遇。那几年我们常在北京见面，一起讨论时事政治和民生话题，听她讲述自己以全国人大代表的身份向会议提出有关医疗卫生体制改革和加强中医药管理的意见和建议，她还经常到国家卫生管理部门汇报工作，争取国家对湖南尤其是对湘西张家界等经济落后地区改善医药卫生状况的支持。

周绍明同志调到省卫生厅后不到一年，大庸市永定区委书记刘家望也荣调省卫生系统，他是当时在市里被提拔调进省直机关的第一人，这说明省委有明确的用人导向：不会让在贫困、艰苦地区工作的干部吃苦，要让埋头苦干，扎实工作，在干部群众中口碑好的干部受到重用，刘家望就是这样一位对党忠诚、干事业、作风务实的好干部。他也是医学科班出身，大学毕业后不留恋大城市，分配来到非常贫困落后的桑植县当医生，一干也是 20 多年。大庸地级市建市初期，他在桑植县任县委副书记，后被市委重用提拔到永定区任书记，这次省委直接调他去省马王堆疗养院任副院长并主持工作。在这工作几年以后又提任省卫生厅厅长，与周绍明同志共在一个班子里工作，也是在张家界的机缘啊！

当时，张家界农村的贫困面比较大、贫困程度也是比较重的，而贫困的一个重要方面是缺医少药，有的贫困户通过自己努力和政府救助脱贫了，但因病返贫的情况很普遍，这里渴望卫生部门给予重点扶植和帮助。

周绍明同志（女）赴省卫生厅履职前，市里几大班子在机关的领导同志与她合影。从左至右：向万隆、梅兴保、杨流芳、肖征龙、赵杰兵、周绍明、燕北雄、吴松盛、汪春初、谷臣章、严高明、何成林、张金华

省卫生厅厅长和一位副厅长都从张家界市调来，省委每年都少不了对这里的政策倾斜和资金、医疗技术人才的照顾。说到这里，张家界的人都打心眼里高兴。

说起在张家界工作多年后提拔到上一级任职的干部中，影响最大、级别最高的当属刘力伟书记。也是机缘吧，我们两人曾在湖南省委政府研究室共事6年，我到张家界工作以后，他先后任政研室副厅级研究员、省委副秘书长，后调任张家界任市委副书记不久，便接替肖征龙同志任第三任市委书记。他政治思想强，文字功底好，亲民务实，组织领导能力强，在省委政研室工作期间经常牵头并执笔起草省党代会、省委全会上主要领导的报告，深得几任省委主要领导的信任。他比我年轻六岁，2001年我俩同在中共中央党校第17期中青年干部培训班学习一年，就住楼上楼下，天天见面，散步，无话不谈。我当时任中央金融工委宣传部长，常常介绍一些有关金融行业的人和事，包括腐败案件。他讲了一些地方工作经历，尤其讲到旅游城市的接待应酬故事，使我记忆至今。"现在市里的接待应酬比你们建市初期多得多"，他掐指一算，那年国庆节黄金周回张家界，7天时间连早餐在内共21顿饭，在家里只陪家人吃了两顿饭，休息更谈不上了，因为还要召集领导成员开会研究工作。

刘力伟同志认真负责的工作精神，令许多在京工作生活的张家界籍人士印象深刻。那段时期的每年春节之前，张家界市委、市政府要在北京开联谊会，刘力伟书记硬是把这一活动当作汇报工作，听取在京人士意见的工作会，而且要开一整天，不像别的地方或有的领导，只在晚饭前做个样子，最多讲半个小时。他带着市里有关负责同志认真记录，而且对听到的意见都做出回应。中午大家就在会议室聊天或打个盹。

刘力伟书记在张家界任职七年之后，调到省政府任党组成员，随后便提任湖南省副省长兼公安厅厅长，后来交流到经济发达之地浙江任省委常委兼公安厅厅长，在江浙大地留下了很好的口碑。2011年5月，我随全国政协调研组在浙江调研时，省委书记赵洪祝请我们吃饭。当我介绍自己是湖南人并与刘力伟同志共过事时，赵书记连说："刘力伟同志很不错，反映好，你早说一个小时，我就让他赶过来陪吃饭了。"现在，他主要生活在杭州，我们少有见面，但时有联系，每次沟通都倍感亲切。

特技飞行员驾驶轻型飞机穿越天门洞

（三）

第一届张家界市委、市政府换届时，都顺其自然，服从安排，大多数同志留下并在新一届班子中继续努力工作，不断进步，我和吴松盛以及政法系统的几个主要负责人都回省里安排了相应职务。吴松盛同志调任省政府外事办公室副主任，工作几年后接任省侨办主任，在省政府机关事务局

张家界举行首次世界特技飞行表演时，刘力伟（右前1）与作者在主席台观摩并合影

局长的任上到龄退休。他工作洒脱，日子过得很滋润。市检察长王亲生调任省检察院副检察长。他当时在大庸地级市级班子中年纪最轻，富有青春活力，工作很有章法，为人正派，牵头组织领导的几个案子都办得很出色，深受省检察院齐振英检察长的欣赏，后来交流到省司法厅任相应职务并到龄退休。张家界市的市委常委、政法委书记李火峰调任省交警总队任总队

长，他这级别虽仍是副厅级，但机构的公权力大，而且对全省交警实行垂直业务管理。李火峰同志公道正派，人缘好，处事低调，要求自己严格，在交警队伍乃至全省公安系统都留下很好的口碑。张家界市中级人民法院院长周宏俊年长一点，厚道稳重，处事不惊，平时严格自律，也调回原派出单位即湖南省高级人民法院作了相应安排。至于一些在第一届市直机关工作的处级干部，他们只有个别同志干满 5 年甚至更长一点时间，市纪委副书记黄大林、市妇联主席周建纯等许多同志工作两年以后就回到省直机关了，也都在以后的人生道路上，在不同的岗位和领域施展才华，熠熠生辉。

市教育局局长罗春晖回省教育厅后任副厅长，后来又提拔到一所大学当书记，市计划局局长王范军回省计委以后，提拔到省工程咨询公司任总经理，都干出了一番新事业。市商业贸易局副局长鲁源陵回省政府财贸办公室，市工业局副局长江涛回省经委，想不到这两个单位后来合并为省经贸委，我回省里时调任省经贸副主任，我们几位又在一个单位共事一段时间。还有两位年轻人在张家界工作时找到如意伴侣，将湘西美女带回长沙，令许多人羡慕不已，即市委组织部副部长郭树人和市委秘书科长陈岳。

前文已经提到，陈岳是法律科班出身，从中国人民大学法律系研究生毕业后被省委办公厅作为人才引进调来安排作文件的文字把关工作。在大庸市委办工作两年以后，有摆在面前进步提升的机会，市委领导在酝酿准备提拔他去市中级人民法院担任副院长，他这种专业背景的年轻干部，新建的地级市太需要了。最后，他没有选择留下当官，而是携新婚夫人回到长沙。夫人钟凤娇是新大庸城内出类拔萃的美女，生长在桑植，这里女孩的平均身高都很一般，而小钟却有一米六五左右的个子，身材均匀，稍远一点看，简直就是宋祖英第二。她被市筹备组从桑植调来，在市妇联工作，这一来就被单身青年才俊陈岳叮上。结婚后小钟操持家务，带养儿子，很支持陈岳的工作。陈岳在省委办公厅工作几年后辞职下海，以自己的专业特长和广泛人脉，办起了湖南湘军律师事务所。这些年来，湘军事务所稳健发展，越做越大，有口皆碑，在长沙乃至湖南、湖北都小有名气。

郭树人是我们那一批从省直机关抽调来、在张家界工作时间最长（超过 10 年）的干部，当然，他的收获也最多，不仅一步一步官至市委副书记，而且收获了爱情，组建了幸福小家庭。夫人小卓是慈利县的美女，身材高挑匀称，充满曲线美，容颜细嫩，一看就知道她一定生长在青山绿水之地。小卓不仅貌美，而且文字功夫了得！她能创作出文学艺术作品。郭树人工作忙，结婚以后两人都忙，小卓安排在新闻文化部门工作，生活常常凑合。郭树人是个工作狂，在永定区委书记任上被评为全国优秀县委书记并来北京，受到中央领导接见和中组部表彰。20 世纪 90 年代中期，江泽民总书记来张家界视察时就到过永定区农村调研并听取了郭树人同志的汇报。任张家界市委副书记几年以后，郭树人被省委提拔调任省工商联党组书记，后又调任省委组织部副部长，回到了去张家界前的原单位，只是原来一位大个子年轻人，回来时成了大腹便便的部领导，协助部长掌管全省的干部和有关工作。

（四）

在张家界工作几年或任期届满以后，调离的干部大多顺其自然，组织上怎么安排怎么去，但也有一些特殊情况，有的同志对初次安排有想法或是选举过程中出现了意外的落选情况，组织上也充分听取并尽可能满足这些同志合情合理的想法从而进行妥善安排。个人选择和向组织争取对自己的人生过程也会发生重大作用。

第一届市委换届前，孙凤鸣任市委副书记、市人大常委会主任，当时在中央党校学习半年。他以这种在班子中的排序和筹建就开始在此工作的经历，下一届是可以预期的，等到他从中央党校学完回市里却被告知，安排很不如人意。他很着急，也不犹豫，便立即赶赴长沙，向组织上汇报自己的想法，并找到省里重要领导如刘夫生同志（时任省人大常委会主任）等，请求重新考虑自己的安排。孙凤鸣同志在省直机关轻车熟路，有广泛的人脉关系，省委组织部长孙文盛曾当过株洲市委书记，是他的老领导，相互很熟悉，用不着找上门也会考虑他的问题。

孙凤鸣同志这一趟没有白跑，很快有了好的结果，省委重新研究了他的安排，调他回省直机关并任省经济体制改革委员会副主任，巧合的是，我们不仅一同到了省政府机关工作，而且办公在一个楼，我在九层，他在五层，天天见面，好亲切，只是我们在一个楼办公的时间不长，不到一年，我就调到北京，这是后话。

老孙对组织上这次安排很满意，很感激。那年从醴陵市委书记即一个处级干部调任大庸地级市委常委，也就五年半的时间，就在省政府机关大院谋到一个正厅级领导职务，能不满意吗？即使当时留在张家界当了市长或书记，若干年后能不能回省里安排，或者回来了有不有一个现在这样的单位职务，真不好说。作为在张家界一起工作过的老同事，我觉得他留下再干一段时间，对张家界的发展尤其对旅游开发是有很大好处的。去年，我陪中国人民大学的部分校友考察张家界，其中的大峡谷玻璃桥景观无比壮丽，游人如织，令人叫绝，一打听才知道，退休后的孙凤鸣同志在这个项目的前期做了许多宣传、招商引资和项目推进工作，他至今还是这个项目经营公司的顾问。

近几年对外开放的玻璃桥景观，位于慈利县三官寺附近的大峡谷之上，从武陵源沿索溪下行 20 多公里即到。10 多年前，长沙市宁乡籍的老板陈志冬很有创意，而且对旅游开发情有独钟。他从美国科罗拉多大峡谷玻璃 U 型平台景观得到灵感，在夫人罗嗣清的支持帮助下，收购了前期从事该项目初期开发的全部股份，用尽他们在广东打拼多年的积蓄，在地方政府的支持下，在这大峡谷的两山之间架起玻璃桥作为旅游景点，筹资共 7 亿多元，设计、施工、验收前后花了八九年。2016 年 8 月 20 日开业后以其周边的自然景观和悬空 300 米的玻璃桥面刺激作用而吸引如潮的游客，在国内引起轰动效应。这既是一座无形的桥、开放的桥，又是友谊之桥、友爱之桥，凸显了"大音希声、大象无形"的设计建造理念。这一工程被评为 2016—2017 年度国家优质工程奖，这位具有传奇色彩的陈老板即张家界东线旅游开发有限公司董事长陈志冬荣获该年度国家优秀工程奖突出贡献者荣誉称号。近年，陈老板在地方的支持下开发了桥下峡谷游，完善了旅游线路，去年一年毛收入 6 亿多元，除去 2 亿多元运营费用和 2 亿多税费，利润 2 亿多元。去年 11 月初我们在此参观时，董事长陈志冬外出了，罗嗣清总经理接待了我们，表示还要开发峡谷蹦极等项目，当她得知我与孙凤鸣是老同事时更为亲切，并请我转达她对孙凤鸣的敬意。

张家界大峡谷上的玻璃桥如横空出世，宏伟壮观，天天游人如织

我与老孙已多年未见面了，想象得到，他到这里来看到壮观的游人如织的场景、听到罗总经理的介绍，一定高兴并欣慰，离开张家界之后，人生再次出彩！

与孙凤鸣同前后离开张家界并请求组织重新考虑安排工作的还有谢凤龄同志，两人汇报工作的套路差不多，起因却不一样，安排的地方也不一样。谢凤龄是湘潭人，来湘西已工作多年，在第一届政府中任副市长，分管城建和市重点工作项目，经常与张启尧等同志在省里和国家计委、民航局、水利部等部委跑项目，在北京连续一待个把月是常态，他跑项目出差后，我就代管他的工作，两人配合非常默契。张家界飞机场、澧水河上的几个梯级电站项目得以兴建，谢凤龄同志功不可没。本来，组织上安排他继续留任并在第二届市政府出任常务副市长，结果有些意外，他一时难以接受，即萌生去意，离开张家界。一般来说，只要是组织经考察后提名的干部不必着急，更不要惊慌失措，组织上会安排好，许多同志先在政府任职，过不了几个月又被任命为同级党委常委，排在政府官员的前面。当时谢凤龄同志没有这样想，便心急火燎地来到长沙。他过去跑项目来长沙次数多，那是跑业务部门多，而管人的组织部门在哪里办公，他都不知道，至于省领导在哪，更是找不着北。他那天到长沙很晚了，只好首先找到我，诉说一番之后才找个地方休息。第二天，我便带着他去省委组织部，先找管地方干部的二处朱启民处长汇报，再去拜见管干部的曾恒祥副部长。虽然陈邦柱省长认识他，也不知道那次找着没有。谢凤龄同志这次主要来找省委组织部汇报，提出个人的合理要求，还是很快见到效果。不久，省委决定将他调离张家界，任娄底行署副专员，他很满意。娄底位于湖南中部，以煤炭、冶炼、建材闻名，是典型的工业比重大的地区。工作几年后，娄底由地改市，老谢工作出色，受到重用并提任市政协主席。市里发挥他的长处，他也当仁不让，经常带领娄底市的同志来北京跑项目，并让我在金融系统帮娄底市搭上关系，争取资金支持。我们在北京见面，很亲切，说不完的知心话。

时任国家计委副主任的郝建秀同志（右2）来张家界时，谢凤龄副市长（左1）和作者（右1）陪同考察参观风景区

（五）

金融系统以及电力、邮电、烟草、税务等垂直管理机构对张家界市的筹建以及后来的建设做出了巨大贡献。这些机构的负责同志大都从湘西自治州或常德市的相关机构调配。他们一般在这里干了三五年，少数同志待的时间长一点，最后基本上都调到长沙，有一半以上的同志在省级分支机构安排了副职。张家界市虽然经济总量不大，上述机构在这里的业务量远小于湖南省的其他地市同类兄弟单位，但有许多机会接待其上级领导包括来自北京的总行、总部领导。有的同志能说会道，接待客人尤其是接待领导有经验，还送点湘西特色的纪念品，陪吃山珍野味，给本系统上级领导留下很好的印象，也为日后调动工作甚至提拔打下了很好的基础。

新的张家界市委、市政府成立以后，发展经济是头等大事，对银行等垂直管理机构基本要求就是多贷款，帮助地方解决资金困难。由于本地的经济相对落后，各种存款少，而基础设施和新上项目又比较多，这就需要银行从上面想办法。那时即 20 世纪 90 年代初，朱镕基已经在国务院执掌金融大权，经常要求银行排除地方政府的行政干预，资金投放要讲求效益，防范金融风险。市委、市政府的领导都比较开明，对垂直管理机构都比较客气，要求银行贷款时也是与行长们商量，不武断。想不到各家银行行长们私下都希望市委、市政府多给他们作指示、下任务，也就是说适当干预，他们愿意。其结果是，只要市里领导给了他们任务，他们打个折扣给办了，或者承诺完成，紧接着一大堆找地方政府的啰唆事、各类请示如雪片般到了市长们的办公室。本人就处理并帮助大多数垂直管理机构解决了他们盼求，但自己无法解决的若干件大事小事。当年帮助协调解决市人民银行建办公楼和培训中心的征地拆迁难题，至今记忆犹新并对淳朴、老实、听话的被拆迁种菜农户深感愧疚。

当时，人民银行系统管金融，掌控金融资金资源尤其是主导资金的配置，他们的诉求，市政府会优先考虑。市人民银行行长姚景庭，祖籍重庆，是一位经验丰富的金融专家。讲问题单刀直入，直奔主题，而且有观点、有分析，市政府讨论开会，都喜欢听姚行长发言。有一次在市里开完会后，他找我诉说新办公楼不仅开不了工，而且能否继续进行下去还是个问题，关键是银行征地拆迁搞不定也推不动，拆迁户多要几个钱好说，问题是每户都要求安排一个子女到人民银行工作。这个要求对于一家刚开张的地市级人民银行机构来说是不可能满足的。"从这些拆迁户子女中总共挑选一两个素质好的年轻人来做保安、后勤是可以的，这个口子暂时不能开，只能以后再说，每户都要安排，我是没有办法的。"姚行长一脸无奈，接着说："上面拨这么多钱下来确实不易，办公楼年内还不开工，资金要收回去，请求市政府帮忙解决。"我答应出面帮助协调，但也没有完全把握能逐户做通拆迁户的工作。

此后一段时间，我一直把市人民银行办公楼项目挂在心上。一天，市农业局局长刘芳钊无意间告诉我，市里要建农业技术推广站，年初有计划且省里答应给钱。"前几天得到消息，今年全省洪水灾害造成损失严重，安排不出资金支持张家界建设农技推广站。"刘芳钊局长曾担任过慈利县副县长，实际领导工作经验丰富，是一个实干家，他说话声音洪亮，接下来垂头丧气地说："刚组建项目工作组，准备先征地，现在项目工作组只好散伙。"我顺便问了一句："你们征地拆迁，做通老百姓的工作有把握吗？"刘局长毫不思索地回答："我们涉农机构在这个问题上好办，菜农户根本看不起搞农业的部门，他们子女不愿意来推广站工作，多给几个拆迁补偿费就能搞定。"我当时心里一亮，立马告诉刘局长："你们农业局农技推广站项目工作组暂不解散，要留下来帮一帮市人民银行。"当天晚上，我便将人民银行姚行长和市农业局刘局长请到我的办公室，关起门来说："今晚商定的事严格对外保密，只有你知、他知、我知即三个人知道。"然后他们两位各自交流了基建项目的进展情况，一家有钱，但征地拆迁搞不定，无法往前推进，一家可以搞定征地拆迁，但没有资金来源了，项目黄了，两家选中的地都是同一块地，只是人民银行要求面积更大一点。于是我便拍板：由人民银行出钱，市农业局以兴建农技推广站的名义由原项目组的同志负责，进行征地拆迁，除应缴税费和征地拆迁补偿费的钱，人民银行另给农业局5万元补助即辛苦费。第二天，市农业局该项目组的同志便大张旗鼓地宣传："建好农技推广站，促进农业大丰收。"开始逐步与菜业农户谈拆迁之事。虽有个别户要求安排子女工作，"好哇，我们农技推广站要年轻人，每年都去海南制作杂交水稻种子，你们子女愿意吗？"一听说招工后干这种苦差事，拆迁户都不谈招工，只争补偿费。有人民银行的同志在后面站台，征地拆迁很快搞定。此时，农业局的同志又大张旗鼓地说，"今年全省遭了大水灾，没有钱了，农技推广站的建设只好停下来，以后想办法。"当时市建设局副局长向兴让同志是拆迁户主之一，他带头拆迁，做了很多工作，是位好干部。这样，征地拆迁完的土地实际上比较顺利地由市人民银行接了过去，经过两年的建设，市人民银行新办公楼、新宿舍、新培训中心和金库拔地而起，这组新建筑成为大庸地级市紫舞东路当时的标志性建筑。过了一年后，省里仍然支持市农业局另选地址建起了农技推广站。回顾这件事，对不起那十几户拆迁户，但也没有好办法，农民的不合理要求，用了欺骗的办法绕过。在完善法制的情况下，依法办事拆迁，就不会出现上述损招。后来，姚景庭行长荣调人民银行湖南省分行并任行领导，他的得力助手王国生也已调来省分行，两人都曾经在湘西自治州人民银行工作过，继续关心支持张家界的建设，受到好评。

　　帮助其他几家国有商业银行和保险公司协调处理有关事项，都没有像人民银行办公楼项目那样复杂，有的只是出个面，陪同其上级领导并说句好话，帮助组织存款、解决家属小孩安排工作和上学等问题，这些对于市政府领导来说只是举手之劳，但也要注意把握几家银行的相互平衡，不能明显厚此薄彼，帮助也要讲究策略和方法。市工商银行行长詹有兴非常精明能干，也很敬业，会带班子。一段时期患病，手上得了脉管炎很难受，仍坚持工作，只是把事情都交由冉副行长等助手去办，经营一直不错。其办公楼的改扩建也涉及到周边几家单位尤其是文物部门，詹行长把下面的关系处得很好，我只到场出个面，讲几句好话，问题就能顺利解决。市农业银行行长陈奇、建设银行行长李元龙、中国银行行长金祖勤，都是从基层打拼上来的具有实际工作经验、懂金融和宏观经济、善管理的行领导，他们后来都调到长沙陆续在本行担任相关职务，陈奇担任了省农行副行长，詹有兴担任了省工行副行长。陈奇行长很会办事而且办得很漂亮，上下都满意。市农行在向省农行申请建办公楼时，面积是有严格规定的，不能超标准，但建筑成本根据地段和选用材质是有弹性的。陈奇行长希望在核定面积内把楼房建得漂亮一些，这就要省里增加预算，希望我帮助到省里呼吁一下。我便在市农行向上面的请示报告上写了几句，大意是：张家界是国际旅游城市，市政府给了农行好的地段，希望农行的办公楼在选材、外观设计上，标准适当高一点，争取未来 10 年、20 年不落后，请省农行考虑多支持。这几句话真的见了效，省里果然比原计划增加了投资。

对保险机构的重视和支持我也放在心上。市人民保险公司的谷丙生总经理讲，市里保费收入少，关键是人民群众保险意识不强，要扩大宣传。我便协调城建和市区有关部门，在市区最繁华也最脏乱的三角坪地区划出一块地方，让保险公司出钱平整后修了一个倡导参加保险的雕塑，等于给保险公司做了一个固定的别出心裁的广告牌，保险公司满意，当地脏乱差解决了，群众也满意。

我为多家金融机构协调办事的故事传到了他们的省级机构，加之平时接待了解，或多或少引起了省分行、省保险公司领导的关注，无形中我感受到一种牵引力，拉开了自己调离张家界的序幕。

（六）

我在第一届市政府常务副市长的岗位上干到第四年，调回长沙的风声终于第一次从正道即正式渠道传来。那是 1993 年秋天的一个下午，省委组织部电话通知，要我尽快赶到部里，有工作要谈。我一时摸不着头脑，只是感觉得到：组织上在考虑调动我的工作。市委书记兼市长肖征龙同志对我说，先去省委组织部，看怎么对你说，应该是好事，具体情况他也不清楚。第二天，我起了个早，赶赴长沙。

当时，心里有些纠结。自己在比较偏远并相对落后的大庸市工作，家里丢在长沙，总不是个滋味，但也没有办法。夫人在省委办公厅工作，条件很好，两个儿子都在中学读书，而且上的是长沙市第一中学，这里的教学条件和质量在全省首屈一指。要求他们都转来大庸工作、学习，很难做到。好在我到长沙出差、开会多。肖征龙同志也很照顾，有时候还让我代他到省里开会，碰到省里领导，我都不好意思。有一次，陈邦柱省长见到我说："兴保，你怎么经常在长沙啊！""省里的会议多，我又来开会。"

我刚说完，陈省长就来一句："你是一个开会市长啰。"他当过我家乡岳阳市的市长，一直对我很关心，曾单独对我讲过，领导议论到你的时候，有人说你在大庸不安心。我感受到省里领导对我的关怀、爱护、培养。

省委书记熊清泉见到我时偶尔也拉我到一边聊了几句，当然他关心的是市里有关干部的情况，问我：这个同志怎样，那个同志怎样。我实事求是地简要回答，既讲别人的优点，也讲缺点和不足，想起自己曾受到过委屈，正好借机说上人家几句。官场上也是这样：哪个人前无人说（好话），哪个人后不说人（缺点）。好在大庸的班子比较团结，风气较正，评价一个人时说些优缺点，很正常吧。

那天下午，我就到了长沙并直奔省委组织部，接待我的不是管我们的地方干部处，而是经济干部处的同志。随后我被告知：中国人民保险公司湖南省分公司的江总已到退休年龄，他们想要我去接替，地方干部多，去金融系统不容易，省委组织部推荐我去。当天晚上，我就在省委组织部范处长的安排下在省委机关旁边的蓉园宾馆见到了北京来的中国人民保险公司人事部的一位处长。这位处长先生见到我年纪较轻，又不是学金融的，讲话间打起了官腔，告诉我金融工作很复杂，保险也业务性强，一个省公司要管很多人，做一把手不容易，最后让我等候组织通知。随后我向范处长反馈了保险总公司这位处长打官腔的话，范处长明确对我说：是安排你去当省公司一把手就去，否则省里也不会让你去当他们的副职。有意思或者说巧合的是，5年以后，我调到中央金融工委工作任办公厅副主任、宣传部部长，而那位处长提升为保险总公司的一个部门副总经理。当时金融工委统管各金融机构的组织、宣传和党的建设，这位部门副总经理经常到我这汇报工作或参加我主持的会议，见到我时再也打不起官腔，而且点头哈腰，满嘴"请领导指示"之类的奉承话。我给了他面子，没有翻起五年以前在蓉园宾馆见面的场景，只是不大理睬他就是了。所以一个人在工作生活中为人处世一定要经得起历史的检验，面对历史回放的镜头不至于悔恨，也就是哲人说的"处世长存宽厚意，行事唯求无愧心。"

当时，满以为自己就要进入金融行业搞起保险工作，但是命运之神让我的人生轨迹发生富有传奇色彩的变化。那年秋天，即与保险总公司的同志见面不久，省委主要领导进行调整：熊清泉同志不再担任省委书记，王茂林同志接任。王茂林书记对我不熟悉，也不会对我的调动有具体的影响，但省委书记新来一个地方，对干部有一个逐步熟悉的过程，讨论研究干部的节奏会放慢一段时期。几乎在同一个月，另一位重要客人到湖南出差并来张家界考察，对我的人生转折起到了关键的作用，这位我人生路上的贵人就是当时的中央组织部秘书长刘是龙同志。也许是机缘巧合，也许是慧眼识人和选人、用人的职业眼光，刘是龙与我仅仅是在一次会上有过照面，会上没有打招呼问好，会后也没有任何联系，但时隔 6 年之后，在张家界的一次偶然相逢，却开启了自己人生新的一页：走进中南海，调进了中共中央办公厅调研室。

2012 年，我有一次与时任湖南省委书记的周强会面，闲聊中周强还问，说那次调去北京工作还有点故事，说来听听。我开玩笑地说，也没什么，旅游区有搞头、"接待有机缘"吧。

我调到中办调研室，期间的所谓故事，是从借调到北京参加十三大政治报告的起草和政治体制改革的研究开始的。

那还是 1987 年，我在省委政策研究室工作时，被借调到北京参与十三大政治报告的起草和政治体制改革的研究，其间有一次讨论国有企业党的建设问题的有关文件，会议由十三大政治体制改革研究小组的有关负责人主持，中组部的刘是龙局长也参加了这次讨论会。会上，有一个议题就是国有企业领导人应该如何产生。我提出，企业党的组织机构应该推荐企业领导人，这个意见在讨论会上与研究小组中多数人的意见正好相反，属于非常正统也是比较传统的意见之一，在研究小组的部分人看来很不对味。会上有人就说，你研究政治体制改革几个月了，怎么还是这一套，还是什么党的推荐组织呢？就是公开招聘嘛、由董事会聘任嘛。我说，中国共产党是执政党，我们是党的一元化领导，怎么企业就不能搞呢？会上就这个议题展开了争论，现场气氛还相当激烈。当时的背景是，党组织在企业不受重视，在一些企业已经被弱化了、被业余化了，有的企业干脆就不要了。这次会上，我与研究组有关人员的激烈争辩，给参会的中组部经济干部管理局局长刘是龙留下了较深的印象。

1993 年秋，我告别省委组织部的同志回到大庸，天天在等待去省保险公司当老总的调令。有一天，我正在张家界风景区处理公务，突然接到市委书记的电话。书记在电话中说自己有事走不开，晚上再看望客人，请我去陪陪中组部来的一个领导，是省委组织部杨部长陪同来的。这位领导一见面，好像似曾相识，聊着聊着，共同回忆起了 1987 年的那次讨论，越谈越觉得投缘。这位领导就是刘是龙，当时已经升任中组部秘书长，他是到湖南来考察检查工作的。聊天时，刘是龙谈到了小平同志视察南方讲话，谈到了组织工作正在发生的一些重大变化以及组织上选人用人的一些新的原则，还谈到了浙江、贵州两省个别省领导落选等问题。我也谈了谈自己的一些看法，两人聊了半天，兴犹未尽。

当天晚上，市委书记来看望刘是龙，表示第二天能陪他到张家界四处转转、看看。刘是龙忙说，书记你忙你的，不用客气，还是让小梅陪我吧。第二天，我又陪着刘是龙看了一些地方。期间，两人交谈甚欢，刘是龙还问我年龄多大、副市长干了多久、近期组织上有什么考虑没有等问题。我正好提到中央金融单位在湖南省的一个分支机构即湖南省人民保险公司目前正缺人、希望我去的事，省里在征求意见。刘是龙问我："那你怎么考虑的？""还是在地市党政部门继续干吧，反正还很年轻。"我当时回答。

出乎意料的是，刘是龙走后一个星期左右，从北京给我打来长途电话，要我尽快寄一份简历给他。我这才想到，自己从省城来大庸市工作已有 4 年多，市里也快换届了，组织上正在考虑自己的工作。这期间，不能多想，中组部领导的这个电话信息只能留下猜想，这些只有我自己知道。我也趁机向组织上表达了不去省保险公司工作的意图。

1994 年年初，湖南省委对我的工作安排也做了变动，把我调回了省会长沙，先后在省财贸办、经贸委担任副主任。我回到长沙期间，刘是龙还给我打过几次电话，但也只是问了问近况。尽管内心很期待最终的结果，但因为这件事有太多的不确定性，我照常上班工作，还分别就烟草、储备粮和棉花的收购政策问题做过调研。在经贸委工作期间，湖南正在重组高校，将湖南省经济干部管理学院和湖南省商业高等专科学校合并，组建湖南商学院。其一把手由省经贸委推荐。当时的许友发主任是一位难得的好领导，更是一位具有丰富工作经验和宏观经济管理能力的德高望重的优秀领导干部。他征求各方面意见后力举我去牵头，这样我回长沙不到半年就提拔至正厅级实职。组织上找我谈了话，并告知说考虑让我兼任商学院的第一任党委书记，任命书很快就会下达。就是这个当时新组建的商学院，培养了很多优秀人才，如今活跃在湖南商界的很多风云人物，就是这个商学院的毕业生。

1994 年秋天，正当我准备兼任湖南商学院党委书记一职时，这个时候北京那边来了电话，说组织上基本确定调我去中办调研室工作，先借调半年，如果正式调人，一并解决家属进京、户口进京等等具体问题。这样，我 1994 年 9 月下旬被借调并在 1995 年 3 月调入了中央办公厅调研室，爱人、孩子都随着到了北京。从此，一家人团聚，告别了两地分居的生活。省委书记王茂林对我关怀备至。由于我刚提拔就调动，他特意去找中央办公厅主任说明情况：我的提拔不是照顾安排，而是提拔任职时碰上中办调人，这让我十分感动。到中办后才听说，1993 年前后中央机关急需充实一批年富力强又有地方工作经验的骨干，范围就是 40 岁左右的副厅级、45 岁左右的正厅级，自己当时正好符合这个条件。

在中央办公厅工作四年多以后，中央新成立中央金融工委，我调去那里工作，离当年省委组织部准备我去湖南省保险公司工作正好五年多时间，也就是说，我后辈子搞金融也是从张家界开始酝酿的。直至到中国东方资产管理公司任总裁、顾问之后退休，儿子、儿媳都从事金融，真正成为金融之家。

我们当时参加筹建并在第一届市委、市政府工作的同志后来大多陆续调离张家界，最为欣慰的是在老百姓中留下了好的口碑。特录河南信阳知州胡寿安诗一首"任满谒城隍神"：

一官来此几经吞，不愧苍天不负民。

神道有灵当鉴我，去时还似来时贫。

当然，留恋之情也难以抹去。2012年6月，我随全国政协副主席王刚视察张家界，一下机场，感慨万千，即兴：

武陵山麓天门开，澧水到此也徘徊。

不知巨洞谁凿出，张家界顶有神仙。

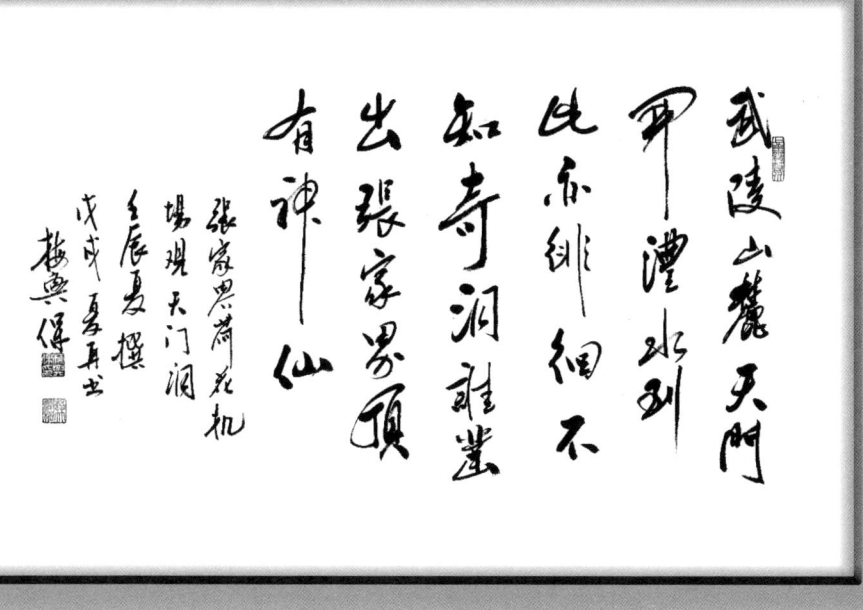

十

离开张家界后的牵挂

我于 1994 年 2 月调离大庸到省人民政府财贸办公室工作，该单位又与省经济委员会合并为省经贸委，便任副主任。第二年我就调到北京工作了。20 多年来，虽然回张家界只有 5 次，但对张家界的牵挂从未放下，无论在长沙还是在北京工作、生活，张家界的电话是热线，张家界的话题是热门，张家界的事情尽力办，张家界的来客是亲人。

（一）

张家界市委、市政府在长沙、北京都设有办事处，其地址几经搬迁、负责人也换了几拨，我们的联系从未间断。两个办事处越办越好，现在不仅都分别在长沙、北京置有独栋物业并带庭院，而且配备了得力的具有开拓和奉献精神的干部员工。现在的办事处工作多而杂，接待任务重，协助驻地维稳的责任大，还要收集信息，帮助跑项目，为市里经济和社会发展服务。我经常既作为主人、更多的是作为客人掺和其中，在这里主要是驻北京办事处分享市里带来的改革发展新成果的喜悦，享受与老同事欢聚的快乐。有时紧张工作之后，也带家人来办事处放松休闲，把这里当作温馨的港湾。

我还在市里工作时，市政府底子薄，肖征龙同志有远见，拍板决定在北京、长沙、上海、深圳设立办事处，第二任市长李刚挺同志也很积极，四个办事处先后设置起来，虽然条件简陋，但给我工作调动后提供了很大的方便。

1994 年秋我被借调到中办调研室工作，半年后即 1995 年 4 月全家调迁北京。当时长沙住房里的床铺、衣柜还比较新，舍不得扔掉。市政府驻长沙办事处的负责人向清和等几个人来到我家，二话没说，友情收购了我带不走的家具杂物。虽然长沙办事处刚设立不久，用得上这些家具杂物，但主要意图是帮我解决困难，基本上按家具原价给了钱。不过话又说回来，我调到北京以后搬过两次家，其中有一次的旧家具赠给了张家界市驻北京办事处，如果说在长沙我在家具上稍占了一点便宜的话，这次在北京给反补了。不过，张家界给我的关怀照顾，我总是补不上，享受恩典太多了。

　　从长沙调到北京工作之后，第一个安家落脚之地不是我报到工作的单位，而是张家界市驻北京办事处，晚上下火车来到位于北京西郊永定路武警总医院南侧的办事处，就像到了家里一样倍感亲切。据了解，各省市和地级市政府都在北京设立了办事处，后来为了名称上规范统一，省一级设立的机构为办事处，地市一级设立的机构为联络处，地方领导（一般是党政机关领导）来京办事，由办事处（联络处）接待安排，调来北京工作，也一般先安排在这里过渡一段时间，少则一两个月，多则住上半年、一年的时间。我全家调来北京以后，在张家界驻京联络处住了不到半年的时间，直至中央办公厅安排好住房后才搬离。由于联络处离中南海比较远，足有 13 公里，有时在上地铁时排队等候，耽误时间，有一次参加温家宝同志主持的会议时我都迟到了。会场上很多人，没一个理我，这等于批评，我很难堪。温家宝同志很有领导艺术，知道我住得远，但又不便直接说房子的事，过后便当着中办有关领导的面问我："住在哪里，远不远？"我回答："都很好，只是远了一点。"可能与他的这一次过问有关，我很快分到了一套三居室，这在当时已经很不错了。记得早我一年多进京调到中组部工作的欧阳淞同志也是先在湘西自治州驻京联络处过渡住了一段时间才分得一套小三居房子。

　　在张家界市驻京联络处经常见到来京出差的老同事、老熟人，也结识了一些年轻的朋友，他们带来市里的变化让我分享发展的成果，带来湘西腊肉、岩耳、葛粉、野味让我享受美食佳肴。张家界联络处的郑亚平、张智强、赵清平三任主任为人处世都很不错，赵清平主任处事稳健，待人热情诚恳。廖健明、覃涵仪、李平几位副主任以及刘其湘、张生梅和张微等几位助手也很热情好客，为人友善，和我们全家老小都很熟悉。郑亚平的父母都在北京，自己在北京长大，人脉广，而且喜欢玩，也会玩；爱吃，也会吃，是小有名气的美食家。当时没有"八项规定"，市里来的同志办完公务以后，在郑亚平的安排陪同下，逛逛长城、十三陵是小意思，有时跑到天津、河北白洋淀旅游去了，当然一般由在京或来京的企业家安排，我夫人也曾经跟随并凑个热闹。作为旅游城市的官员和干部员工，到外面的旅游区参观考察，可以长见识，学到人家的管理经验和办法，这应该与一般意义上的公款消费、游山玩水区别开来。当时联络处条件艰苦，我们在那里都住上下铺的学生床，日子过得也开心。我一位远房亲戚在中关村做电脑经销生意，他送来一台电脑，想到联络处更需要，我便送给了郑亚平，让他用来给单位记记账，并编辑文件信息。可是，这台电脑平时用于联络办公不多，郑亚平一有空就玩起了游戏，其他人也学着玩起来，这成了消磨时光的工具。要知道，当时电脑还未普及，更没有进入家庭。

事情就有那么巧，张家界驻京联络处从永定路搬到万寿路一套出租房不久，我在京的住房得到改善，从刚来京不久分配的位于南三环中路的洋桥也搬到了万寿路，与赵杰兵老书记同住一个小区，与联络处相聚只有三四百米，相互联系交流就更方便了。不过，联络处的条件也太差了点，招牌就挂在一栋陈旧宿舍楼第二单元门洞旁边，市里领导来京出差，很少在这里食宿，就三间房，仅供工作人员和少数几位客人使用。肖征龙同志来京次数不多，退出领导岗位后，有一次他来京不愿住宾馆，要求在这里与老部下一起吃住聊天，并特地邀我来此聚餐叙旧，好快活。

随着经济的快速发展、项目对接的增加和对外交往的扩大，市驻京联络处急需有一个比较宽敞的地方，加之维护北京地区稳定的需要，各区县党委政府经常来人常驻，需找一处属于自己的物业，这在张家界上下已逐步形成共识。当时，刘力伟书记、胡伯俊市长非常重视并亲自过问筹措资金，亲自来北京选地、协调关系、寻求北京市有关方面的支持，经过几年的努力，2004年终于落实并最后敲定了属于张家界市的物业——张家界市政府驻北京联络处办公、接待综合楼。这座位于北京南站附近、紧靠南三环，又处于万芳亭公园旁的带院落小楼，十几年来，不仅价值翻了几番，而且对于提升张家界的形象、扩大张家界的影响起到了不可估量的作用，这里真正成为了在京张家界人之家，也成了展现、推介张家界风光和土特产品的窗口。

胡伯俊同志不仅当过市长，而且接替刘力伟出任过书记，在张家界工作时间很长，呕心沥血，带领全市干部群众 开拓进取，为张家界的改革发展和全市整个旅游水平的提升做出了巨大贡献。同时他也是张家界宾馆成为市里在京立足之地和重要窗口的主要决策者，许多兄弟地市比张家界的经济实力强、建市时间早，但他们的驻京联络处就相形见绌了。北京张家界宾馆刚开业的那年冬天，市委、市政府在这里即自己的地盘举行工作汇报会和春节前的联谊活动。时任国务院三峡办主任的汪啸风同志来了，他是张家界慈利县人，曾任海南省委书记，他任湖南省副省长时曾对我说："不着急，每年都帮家乡办几件事。"我当时带着市里一帮人找他，听到这句话也就放心了。这次联谊会上，他主要讲了张家界这些年来的惊人变化，同时对今后发展提出一些希望和建议。赵杰兵同志也和以前一样，这次也按照联络处通知的时间准时来了，他照例只在会上讲几句话便告辞，不参加后面的吃饭和联欢。我参加这类联欢会比较多，既有省政府驻京办事处的湘籍在京知名人士聚会，也有长沙、岳阳等市在京举办的类似活动，一般通知十点开会，实际上都是十一点以后才开始，因为联欢叙旧嘛，早来一点、晚来一点没关系。赵杰兵老书记比较认真，见到我后第一句话总是说："你又迟到了。"我有点不好意思。不过，我在会议开始后表现好，不仅坚持到结束，而且即席发言时能触景生情，吟几句诗，现场还向市里赠送事先准备好的书法作品。这次联谊会上，首先播放了张家界的风光电视宣传片，接着胡伯俊书记、赵小明市长分别致辞，汪啸风、赵杰兵同志讲话以后，我拿起话筒即席吟诵自己现编的几句诗：

> 胜景民情再现，
> 山奇水奇洞奇。
> 二十年前故地，
> 游客说东道西。
> 今日感受巨变，
> 欲寻陈迹都迷。
> 赞叹世界遗产，
> 颂我魅力湘西。

朗诵完后，引来一阵掌声。我知道，这不是什么诗，而只是用了几句押韵的句子向张家界市现任领导和曾经在那里一起工作过的老同事表达对张家界的思念之情和20多年来发生巨大变化的赞颂之意。

（二）

有了自己固定的场所以后，张家界市委、市政府在北京举办的活动就更方便了。在这里，我不仅经常见到老同事、叙谈挚友之情，而且经常见证一些旅游招商、土特产品推介和引进项目的签约仪式，感受到张家界人的工作激情和开拓精神，感受到张家界市正快步走向世界的步伐。

2018 年 7 月 1 日，北京骄阳似火。这天是中国共产党建党 97 周年纪念日，我应邀在张家界驻京联络办事处参加"桑植县芙蓉桥中学与北京建华实验学校合作建设协议签字仪式"，该仪式结束之后紧接着举办湘鄂西乡村美好人生中心教育学校建设的策划会。除了张家界市领导和签约双方代表以外，前来参加活动的有北京师范大学副校长陈光巨，北京嘉源置业投资有限责任公司董事长、在京著名湘商企业家胡陆军，中国科创科教公司总裁陈元华，以及十多家科技教育报社和企业家代表。签约的双方就是两所中学，暂时涉及的也就若干所小学，之所以有如此众多嘉宾云集，有这么多企业家和新闻媒体感兴趣，是因为发起和倡导者是知名教育家，著名的北京十一学校老校长，现任北京建华实验学校创始人、理事长李金初。数十年来的教学实践中，他摸索总结出一套先进的办学理念，凭借自己的社会影响和遍布五洲四海的学生精英，又能一呼百应。前文讲到，李校长是张家界人，听说他倡导并支持张家界发展农村教育，包括湖南知名企业家胡陆军在内的许多企业家都积极响应并表示大力支持。按照李校长提出的教育扶贫思路和与桑植县芙蓉桥中学的合作协议，除了自己领导的北京建华实验学校每年支助芙蓉中学 50 万元培训资金、连续三年不变，还推动北京中科科普促进中心给予更多的支助，并动员企业家跟进投入，在湘鄂西部分贫困地区建立若干美丽乡村人生中心教育示范学校。从而践行习近平总书记提出的教育观：让每个人都有人生出彩的机会，着重提高贫困地区农村学生的自主性、独创性，提高其综合素质。

市委对这次活动很重视，市委副书记刘绍建亲临出席。绍建同志是张家界人，曾在环保部门工作过，为人正派，办事果断，雷厉风行，是个典型的实干家，在干部群众中威信高、口碑好。最近率团访问越南、泰国、印度尼西亚，开拓国外客源市场，发展张家界国际旅游。在协议签字仪式上讲话，除了表态支持以外，还绘声绘色地向大家介绍这次出访的情况。10 多年前，在发展国际旅游的进程中，张家界抓住韩国重点营销并获得巨大成功,那时每年有 50 万韩国人来这里旅游观光,不仅使景区旅游收入大增,还带火了张家界机场和长沙黄花机场。韩国人孝敬父母、奖励子女读书的方式之一就是陪同父母、子女来张家界旅游。刘绍建同志说,现在国内旅游虽然发展势头好,但各地特别是周边省市竞相压价、搞恶性竞争,有的地方全域旅游,也吸引了张家界的客源。张家界整体实力不强,不能通过压价和过多过滥的补贴来吸引游客,要抓住国家实施"一带一路"发展的战略机遇,吸收过去成功开拓韩国市场的经验,这次重点开拓东南亚市场,并将人口最多的印度尼西亚、越南、泰国作为重中之重,这三国总人口超过 4 亿。他向大家展示了与三国有关高级官员会谈、在那里展销洽谈的照片,介绍了准备开通国际包机的计划,引来满堂掌声和喝彩。为了出席这次在京的两校签约仪式和湘鄂西美丽乡村人生中心教育学校建设的策划活动,刘绍建从印尼雅加达经停广州来京,因航班遭遇雷雨天气影响而多次误点,折腾了三天三晚,于 7 月 1 日凌晨三点才到京并赶上了这场活动。

　　同样感动人的还有桑植县副县长王茂容和芙蓉桥白族乡中学校长蔡凯。为了参加 7 月 1 日上午的签约仪式等活动,他们准备搭乘 6 月 30 日晚上从张家界飞北京的航班,赶到张家界机场时,由于本地和北京机场都有雷雨,该航班被取消。这时,两位不慌不忙,用手机上网搜索张家界周边 500 公里范围内所有机场去北京航班信息。逐一搜索长沙、宜昌、铜仁、怀化芷江、恩施、常德、武汉等七八个机场信息,发现仅武汉天河机场有 7 月 1 日早上七点多飞北京航班。王副县长和蔡校长当即决定乘小车从张家界出发,夜行千里,终于在凌晨 5 点钟左右到达天河机场并顺利搭乘早上航班到京赶上了上午的公务活动。这使我联想到当年筹备建市的时候,市里派一位副处级干部去上海出差而且时间紧急,他到长沙后没能赶上长沙开往上海的那趟火车,便近乎哭丧着给我打电话说:"没赶上火车,完不成这次紧急出差任务。"接到这样的电话,我很不耐烦:"赶快去株洲,那里有多趟去上海的火车。"长沙离株洲只有 40 多公里,他很快到株洲并搭上昆明开往上海的火车,在规定的日期赶到上海,办理好了几辆小汽车的提货手续。事后我在一些场合以此为例讲过,眼光和思路要开阔一些。现在张家界的干部,既有过去那种奋力拼搏的精神,"霸得蛮,吃得苦",

又具有开阔的视野放眼世界，展现出国际旅游新城人民新的时代风貌，这是令我们这些过来人最为欣慰的。

（三）

离开即调离张家界以后，虽然经常乐呵呵地到张家界驻北京办事处参加一些活动，但心里想得多的还是如何给予市里一些支持和帮助。我在省经贸委工作的时间不到一年，来不及在项目上给予支持，到北京以后开始几年也没有在政府职能部门和机构任职，后来即 1998 年才到金融部门工作，总的来说，想得多，心有余而力不足。如果说张家界旅游开发股份有限公司股票上市算一件实事的话，我做了一些推进工作。

张家界的底子薄，建市以后没有形成有规模的市属企业，县办企业和乡镇企业也规模较小，实力不强。20 世纪 90 年代初，市政府办城建科长杨泽忠下海经商，领着几个人在市里的支持下注册成立了张家界旅游开发投资公司，后来改为股份有限公司，主要利用政府背景在城区做一些城市建设和房地产项目、旅游开发，由于资本金不够，只能见缝插针做一些小项目，为了做大，他们想到当时正在兴起的资本市场，但苦于没有门路，难以在证券交易所上市融资，后来打听到当时的国务院证券委员会新来了一位王副秘书长，这个人我认识。他在中南海工作时来湖南出差，我陪同了一个多星期，相互还比较熟悉，便自告奋勇去北京帮助牵线，请他支持，而且选择了一个好的时间段去见面。

1993 年 12 月 26 日，是毛主席诞生的 100 周年纪念日，当时湖南省确定了一批重点工程在这一天之前竣工，向毛主席生日献礼，张家界机场是献礼工程之一。12 月 8 日，我带了一帮人来北京，准备 12 月 11 日在新华社的发布厅代表市政府举行新闻发布会，除了媒体记者以外，还重点请王副秘书长等有关部门的负责人参加。王副秘书长知道这件事以后要专门到住地看我，并说新闻发布会就不参加了。约好他来的那天下午，我宣布，市里这一行 10 多人都自由活动，我就在位于台基厂附近的一处部队招待所等候，并告诉了房间号。等候了一个下午也没见他人影。当时也没有移动电话，不知道他临时又有什么事而爽约了。吃晚饭我们一行人碰面时，市委宣传部杨慈安同志不无惊讶地轻声说："梅副市长，您今下午没出去访友啊！"原来，他以为我到北京市里拜会同学朋友去了，下午三点左右他走出宾馆大门时，正碰上这位王副秘书长进门询问，便告诉他，"梅副市长不在宾馆，早已访友去了."一句话将他打发走了。我火冒三丈，狠狠地将杨慈安批评痛骂了一顿，弄得他此后几天在北京都垂头丧气，回市里以后好长时间都不好意思见我。为了补救这次因我们的工作不细而造成的误会即我的爽约，除了在电话中连说对不起之外，还另找时间去拜访了王副秘书长，为日后张家界的企业上市做了铺垫。后来，我带着张家界旅游开发投资股份有限公司的杨泽忠总经理专门拜访过他，向他汇报了有关该企业经营情况和张家界旅游的前景，给他留下很好的印象，不久，我便调离了张家界。市里很重视这家企业的经营发展和上市，在湖南省证监会（当时与省体改委在一起办公）的帮助推举下，据说没有现场考察就被批准，比较顺利地在深圳证券交易所上市，成为中国旅游第一股，张家界市第一家、至今还是唯一的一家在深交所上市的本地诞生、成长起来的企业。20多年来，虽然其经营有些波折，股票也曾跌宕起伏，但它一直以张家界旅游的响亮名字高悬在资本股票市场，印记在广大股民心中。

（四）

在具体项目上尽力给予支持，这是我们这些老同志的心愿。在体制内即在党政机关和国有企业工作的同志都知道，确定建设项目和拨付资金属于重大敏感事项，必须集体研究决策，对这种有形的项目支持，一个人的力度总是有限的，而还有一些形式的支持和帮助，是看不见、摸不着，甚至帮了忙也不宜、不能对外说的事情。有一件事情说说也无妨。

我在张家界工作期间接待过许多中央部委的同志，其中国家旅游局、建设部的许多同志来过市里多次，因为相互之间很熟悉并较长时间内保持联系，我调到北京并在中央的重要部门工作以后聚会过。有一次，建设部风景园林司的两位同志见到我问，最近到过张家界没有？并很认真地向我反映，张家界风景区发生的两件事令他们不满，希望我过问一下。

国家旅游局副局长孙钢（左3）一行在张家界考察，省旅游局局长曹其明（左4）陪同考察，右2为作者

一是在水绕四门核心景区修建天梯上袁家界，二是将黄龙洞整体租给了民营企业老板，好端端的国家级著名风景区景点成了私人财产。这两件事我已听张家界市有关同志说过，心里有底，便说了自己的看法：天梯项目正在由地质、环保专家重新审查，我觉得项目比较隐蔽，而且有三分之一建在山体洞中，整体对环境和景观影响不大，建成后又便于老年游客，有利于袁家界景区的保护性开发。至于黄龙洞项目，是一个大胆、富有新意和创见的风景旅游区旅游项目的经营方式的创新。它在不改变也不涉及溶洞所有权的前提下，设置一定年限出让经营权，是溶洞出租，所不同于出租的是签约以后地方政府即获得第一笔巨额现金收入，政府用这笔资金可以还清欠账，还可以用一部分资金进行新的旅游项目开发和基础设施的建设。民营企业获得经营权以后，按照合同约定加强保护，改善经营，增加投资，提升景点品质，这是很好的事情。听到我是明确支持市里的意见，建设部的同志（其中有一位女同志，当时已提任副司长）也就没有多说什么。后来多年的实践以及联合国教科文组织询查后的态

度都说明，在上述两件事情上，张家市和武陵源区两级政府既有开拓创新的精神，又按规矩办事，值得充分肯定。

我年过半百时迈入金融系统，来到这个被社会上许多人羡慕的行业，任中国东方资产管理公司总裁以后，权力很大，但从不滥用职权处理资产。张家界市的不少企业也是我们公司的债务人，我没有具体过问过一个项目，市里也从未专门为处置资产找过我，话又说回来，如果市里找到我了，说不定会打个招呼多点折扣。我对湖南省的领导表态过：银行增加信贷投入是支持地方经济，我们资产公司对地方债权打折即减债也是对地方经济的支持，省里领导很认同我的观点和看法。实际上，包括张家界在内，只要有不良资产的地方，都或多或少享受到我们的减债支持。

2007年10月，中国东方资产管理公司在张家界召开全辖商业化业务工作会议，我带领总公司近50人乘火车到达长沙后转乘汽车去张家界。长沙到张家界已通高速公路，半天即可到达，途经慈利县时，县委书记和县长将我们一行截获在下高速不远的酒店设宴招待，口口声声感谢东方资产对他们县水电站债务重组的支持。这个电站即慈利县当年在澧水上修建的一座低水头径流电站，我曾经到建设工地查看过，后来怎么和东方资产公司形成债务债权关系，最后怎么解决，我当时不知道，因为项目金额比较小，用不了报总裁签批，县长和随行的东方公司长沙办事处老总分别介绍后，清楚了感谢的原因。这个电站原来装机容量小，水流又不稳定，效益不好，欠了银行贷款并作为政策性不良资产剥离到了资产公司，后来他们又借了贷款购买新机组，不仅没有翻身，扩能改造成了半拉子工程，这笔新借的贷款在银行第二次剥离以后又划给了我们，东方公司成了慈利城关水电站的大债权人。

澧水河梯级开发以后，上游先后修建了装机30万千瓦的江垭电站和近10万千瓦的永定区渔坛电站、桑植贺龙电站，水流常年比较稳定，有战略投资者愿意出资对慈利城关电站进行扩能改造，前提是必须事前处理好东方资产的债务。东方公司长沙办事处经过尽职调查和评估，提出了对双方有利的债务重组方案，使这近5000万元的债务打折处置，慈利县卸下历史包袱，顺利引进新的投资者，经一年的改扩建，形成了经济、生态、社会效益很好的创收财源项目、民生工程，东方公司也获得较好的

中国东方资产管理公司部分领导成员在张家界垂直天梯下面的"将军列队"景观处合影。从左至右：陈建雄、陈江旭、梅兴保、时桂芬、李欣

商业化收益。东方公司长沙办事处的同志没有向我汇报过此项目，当然，他们都知道我在张家界工作过，而且重感情，在对资产具体评估作价时肯定会适当照顾，用不着我过问。慈利县的同志也许知道这些，并了解资产管理公司和银行一样，全国统一法人、垂直管理，这次抓住机会向我们东方公司表示感谢。

（五）

实际上，这次我拍板决定在张家界召开全辖性的大会，将全国各省市、自治区办事处的老总和业务骨干请来，而且会议越开越大，人员越来越多，因为我们的控股子公司——东兴证券公司也趁机召开全辖会议，公司领导成员大多都来了，两个会议加在一起超过 200 人。这些与会人员绝大多数都是第一次来张家界，他们心里明白：这是梅总裁照顾员工，让大家休闲旅游放松一下。当时虽然没有"八项规定"，但是如果在风景区花公款太多，加之有人告状的话，还真是个事，出现那种情况，我只能一个人兜着走。为了表示对张家界市的支持，我对办会务的同事交代过：这次到张家界开会，所有的吃、住、行，风景区门票，观看演出，一律由东方公司负担，而且不许打折、不减免门票，就连市政府宴请我们的 200 多人的大宴会，都由我们买单，书记、市长出面就可以了。最后会议结束，真是如此，我们两个会议在张家界的花费较大，如果加上大家的差旅费，总开支更大。会议结束，大家喜笑颜开，留下美好的回忆。记得在武陵源区的专场演出《魅力湘西》的晚会上，中间休息时剧场举行义卖活动，拍卖若干字画，筹得款项支助少数民族教育事业，东方公司的员工积极参加竞拍献爱心。来自大连的高级经理（现任天津市分公司总经理）张晨光喜爱书画，上台以 3000 元价格拍得一幅书法作品。他性格开朗，很活跃，拿起主持人的话筒说："这次在张家界很开心，买下这幅字除了向少数民族献爱心以外，还要将这作品送给你们的老市长、我们的总裁梅兴保！"顿时引来阵阵掌声。陪同我们观看演出的市区有关负责人很认真，以为刚才那位拍得书法作品的张先生真的将拍来的书法送给我，还上后台询问主持人，其实张晨光是在台上搞笑，他早已将书法作品揣上离场了。

　　我在张家界琵琶溪宾馆主持开会，心挂多头，除了把会议开好，组织大家安全旅游参观以外，还要故地重游，到下面县城和农村转转。与会代表旅游的那天，我便来到桑植县考察，并特地到洪家关参观贺龙元帅的故居，代表中国东方资产管理公司向贺龙铜像敬献花篮，深切缅怀从这里走出去的共和国元勋和杰出领导人。这里我来过多次，那时通往故居的道路弯弯曲曲、坑坑洼洼，可供参观的场地也比较狭窄，现在经过修缮扩建和环境整治，不仅道路宽阔平坦，而且修旧如旧，恢复了原来的风貌，同时增加了一些展教场地，使这里成为全市重要的革命传统教育和红色旅游基地。

　　说自己心挂多头，一点不假，在这样的好地方开会，就怕北京来电话。会议开到第二天，电话就来了，要我立即赶回北京参加银监会系统的重要会议，听取党的十七大精神的传达并组织学习，我请求请假或让家里留守的同时代理参加，都不行。刘明康主席让秘书宋宏谋给我打电话，要我按时出席，我在电话中磨蹭请假，宋秘书有点不耐烦，说："师兄，您也太不敏感了，这么重要的会议怎么能请假呢！领导还要听你表态发言呢。"宋秘书和我是人民大学的校友，互相非常熟悉，说话也比较随意。我以航班为由，表示难以按时赶来北京，并顺势提出赶往长沙，在省银监局开通内部电视电话。宋秘书灵机一动，表示待请示领导后再定。一个小时后，宋秘书打来电话，不让我赶赴长沙了，就在张家界银监局开通内部的电视电话，让我一个人参加会议。这下我的心里放松了，虽然自己再也不想有什么提拔进步，抢这种风头发言唱高调，但也犯不着为了一次重要会议缺席而挨批评。事后，领导心里有些不悦，但我在张家界领着大家开会、放松，一百个快活，值了！

（六）

　　退出总裁领导岗位以后，我利用担任第十一、十二届全国政协委员的机会，先后两次随全国政协的领导同志来张家界调研考察。这两次考察都是在"八项规定"之前，每次都听取简短汇报，大多数时间都安排在风景区考察。过去，我在这里以主人的身份接待过许多中央领导和国家部委的同志，这两次，我是全国政协调研考察团的成员，成了贵客，但自己行事低调，既不抢镜头，更不单独接受采访，而中国东方资产管理公司在此开会时，我不仅有长时间镜头，还在市政府领导卢建国的安排下，接受了张家界电视台记者的采访。

　　2012 年 6 月，中共中央政治局委员、全国政协副主席王刚率领全国政协常委视察团来湖南并到张家界视察。许多人包括本人以前也不大清楚，视察不同于考察，虽只有一字之差，其规格、重要性完全不一样，视察要高得多。就全国政协的年度计划安排来说，调研考察有数十次之多，而视察只有两三次，每次视察都由一名全国政协副主席带队，其成员大多是政协常委，只安排少数一两位委员参加，而且安排乘坐专机往返。这次到湖南视察的成员有工业和信息化部原部长李毅中、中国银监会原主席刘明康、中冶集团董事长经天亮（经叔平之子）以及全国政协两位副秘书长，他们都是全国政协常委，成员中只有我和中国工商银行行长杨凯生是全国政协委员。我能跟随视察当然很高兴，确定名单时也许王刚副主席知道我是湖南人并在张家界工作过，特意给了我机会。我在中办调研室工作时，王刚同志是中办副主任并分管干部人事，熟悉我们这些局级干部的基本情况，在全国政协开会见面时，他总是向在场的同志介绍我："梅兴保是我的老部下，我们早就认识。"这次随王刚副主席来湖南，既感受到老领导的关怀，又在家乡尤其是在曾经洒下汗水、勤劳工作的张家界享受到贵宾待遇，与省市主要领导亲密接触了几天。

6月6日下午，天气晴朗。我们视察团的专机降落在澧水河边的张家界荷花机场，远处的天门山天门洞清晰可见，市委书记胡伯俊、市长赵小明等到机场迎接。机场距离城区不到5公里，想当年自己参与组织、指挥了该机场的兴建，留下了许多故事，20多年来，面貌大变，回到住地便吟诗一首：

《张家界机场观天门洞》
武陵山麓天门开，
澧水到此也徘徊。
不知巨洞谁凿出，
张家界顶有神仙。

诗的最后一句引自朱镕基同志考察张家界以后的一首诗句。难怪许多诗人、名人到了一个美好的地方往往能触景生情，写出美好诗篇，自己不会写诗，在身临此景，也情不自禁凑上几句，这是心灵的写照，是"诗言情"，谈不上"诗言志"。

视察过程中包括在风景区活动，有省委书记周强、省委常委兼秘书长易炼红和市里书记、市长陪同，也用不着我介绍引导，所以我特意在后面跟随，市里陪同的同志偶尔介绍，某某中央领导来过这里，而且留下一些故事，这种不经意的介绍，反而引起了视察领导的兴趣。在领导岗位的中央领导一般很少到旅游区来，建市初期到这里来的领导比较多，市里现

在专列上，胡耀邦同志与我们亲切话别

在的书记、市长又没有见过他们，我便上前补充介绍，讲一些名人逸事，大家听得很过瘾。

1988年11月13日至15日，已退出总书记领导岗位的胡耀邦同志来张家界参观考察，他当时还是政治局委员，其安保和接待规格还是按原来的职务安排，与他近距离接触能深切地感受到这位伟人乐观豁达的人生态度和独特的生活情趣。此前，他在北京为武陵源风景区题写了"武陵源"三个字。我们市委领导班子成员见他时，他开门见山，乐呵呵地说，我是来游山玩水的，不听汇报，你们忙你们的工作吧。我们在他乘坐的专列上相送时盼望他下次再来张家界多住些日子，他立刻打断大家的话：来了这一次已不容易，百分之九十九不可能再来了，想不到此语言中，回京不到半年他就去世了。在接见我们班子成员并与每位同志握手时很有意思，每见一位，他都问你是什么地方人，多大年纪，而且聊起每个不同地方的风土人情。他和我握手时第一句话：好年轻啊！是的，我当时不到40岁。当我汇报自己是岳阳市临湘市人时，他马上回忆到并说出20世纪60年代临湘县委书记李满全的名字，并询问还是否健在。幸亏我知

在张家界国家森林公园下榻处，胡耀邦同志与作者合影留念

道，李满全同志后来任岳阳地区行署专员，退休多年已去世，我的回答令耀邦同志满意。我们每个人都单独与耀邦同志合影留念，他坐在椅子上，我们站在旁边，想不到与我的合影照上，他的眼睛闭着。后来我将此事告诉了耀邦同志的儿子胡德平同志，德平同志与我都曾担任第十一届全国政协委员，相互熟悉，他听说有这样一张独特的照片，当即向我索要并说这种生活随意照很难得。我答应了他的要求，并将这张耀邦同志闭着眼睛的合影原照片重点珍藏，这寓意闭着眼睛说亮话啊！

1990年秋天，华国锋同志携夫人来张家界小住了4天。省顾委副主任赵处琪同志陪来，市里安排顾问贾光富同志全程陪同，市委书记、市长以及班子成员陪餐并照相留念。华老年事已高，腿脚不利索，但思维活跃，看到秀美风景，几次自言自语地说，过去来过湘西及其张家界周边几个县，没听说过有这么好的景观，后来听媒体报道和身边同志介绍过，亲眼一看，果然名不虚传，并欣然题词："天下第一奇山"。陪同人员觉得他走路累，便叫来轿子即"花轩轿"，请他坐轿。这下像刺中了神经一样，华老连忙摆手："不坐轿，不坐轿，坐轿是明显的剥削。"陪同的同志只好作罢，不再劝，只是让两位轿夫抬着空轿跟在后面。华老在张家界金鞭溪走了两个多小时，很累了，但硬是没坐轿。离开张家界的时候，已请示他同意在住地与市里领导照相合影。大家坐定以后，我们几个人到房间请他出来，走到宾馆二楼过道时，他看到院里站满了人，不是他答应合影的十几个领导成员，便往回走，不肯下楼了，嘴里嘟囔着：人太多了，影响不好。贾光富同志赶快拉上华老夫人追上去解释：院子里站的除了领导班子成员外，其余都是保安和宾馆服务员，他们都是来送送首长，也希望合个影，中央其他领导来这里也是这样安排的，夫人也说，合个影没关系。华老便没说什么了，在大家的簇拥下分别与院子里的同志合影留念。

　　我在向视察团的领导补充介绍来张家界的名人逸事，不仅仅讲述领导同志留下的故事，也说到艺术家等社会名流。介绍著名科学家、中科院院长周光召的题词："此景未必天上有，人间只应天际寻。"还有著名作家金庸的题词："灵峰奇景，重之保之，千秋万载，共民乐之。"等等。有一次，肖征龙市长拉着我上张家界国家森林公园的幽篁山庄看望来这里休闲的著名画家黄永玉。到了住地，不用介绍，我认得出他来，媒体、画刊上经常见他与其他艺术家不一样的形象：歪戴着黄格子泥绒圆帽子，嘴里叼着大烟斗。这次见到他，还是那可敬可爱的老模样。黄永玉先生是湘西人，与肖征龙市长早已相识相知，见到我时，虽听到了肖征龙市长的简单介绍，他还好像不放心似的，要问个底细。他从小包里抽出一张名片，但当时不给我，而是手拿名片，嘴里发问：你今年多大了，哪里人，来张家界前做什么工作。我像现在的大学生应聘一样作了回答，然后他拿出笔写上香港的家中电话，再将名片送给我，是啊，名人交友并给客人留上自己家里电话是很谨慎的。我本身缺少艺术细胞，也不爱好收藏，而且也是第一次见面，根本没有动心向他求半点墨宝字画。后来许多人告诉我，一些艺术家来张家界，白天玩个痛快，晚上吃饱了，喝酒了，往往很兴奋，可谓意气风发，吟诗并挥笔写字作画，陪同的人不开口，他也主动将作品送给你，大歌唱家胡松华就是这样一位豪情满怀又很善交友的艺术家。1989年深秋，他为《长歌万里行》专栏创作来张家界以风景区为背景录制节目，有一天，已非常劳累，晚上回到宾馆已腰酸腿痛。我陪他吃饭喝酒以后，他立马精神振奋，又是唱歌，又是铺开自己带来的文房四宝准备书写。他的歌唱得好，作为歌唱家出场费都是较高的，为我们几个陪同人只能是友情献唱了。可是他的字虽然写得不错，但只是业余好手。没等我讨求，便写下《为美最乐》的四尺宽横幅，四个大字遒劲有力，而且题识："梅兴保同志在张家界这美好的地方奉献，人生充满快乐。"这幅字虽然在市场上不值钱，但我收下后一直珍藏。

以上名人，大家都耳熟能详，但这些具有生活情趣的故事，一般也很难听到，尤其是领导同志到风景旅游区活动，其行踪一般不报道，而且严格控制人数，知道情况的人很少。我们视察团的部分同志在参观现场听得不过瘾，或者没有听清楚，茶余饭后还追着我询问有关系细节。这些事都过去近30年，也不涉及政治倾向和人物评价，我也不忌讳，尽量如实介绍，让大家从风景中享眼福，又从故事中享耳福。

全国政协常委视察团离开张家界的头天晚上，市委、市政府在武陵源区政府所在地举行欢送宴会，王刚副主席领着大家视察了一天半，既看了旅游建设和发展情况，感受了奇特自然景观之美，又到较偏僻的农村访问了农户，发现并肯定了旅游扶贫的新思路，大家很高兴。我事先有准备，步宋代大诗人苏东坡赞美杭州西湖那首诗的韵律，写了一首小诗"游张家界"并书写到四尺宣纸上：

四季来游晴方好，

雪挂岩松景更奇。

时运偶遇云雾天，

仙女撒花最心仪。

张家界的景观在云雾缭绕时若即若现，最为奇特和吸引人。天子山景区有一个著名景点"仙女撒花"，诗的后两句即表达此情此景。我将该书法作品亮相朗诵后送到王刚副主席跟前，他笑侃："好，价值高。"

（七）

谁都知道，我不是书法家，写的字是不值钱的，但是有两种情况例外，第一种情况是写出作品参加公益慈善拍卖，主办方组织了一批企业家，让他们掏钱竞拍。这批企业家也愿意，他们在公开场合露面，上电视媒体，比平时单个去捐钱的社会影响大。2017 年春，我的书法《岳阳楼记》就在长沙的一次商会年会上拍出了 5.8 万元的价格，另一幅作品《崇德乐义》六尺横匾在广东东莞的一次义拍上拍出 8 万元的现场最高价。这些钱我根本没看到，而是全额捐给了家乡扶贫助教的活动中，大家心里也明白：这个拍卖价并不是书法艺术的市场价。第二种情况是，有的企业家向我求字，帮助他们企业书写企业文化方面的内容并悬挂于企业的合适位置，或者请我书写他们企业招牌、店名等，在张家界一个比较显眼的地方就有我写的招牌。

从张家界荷花机场乘车进入市区，在市政府办公大楼附近的十字路口，可以醒目地看到，一座庭院式酒楼榜山而建，错落有致，外形凸现土家族建筑风貌。傍晚时分，霓虹灯闪烁，凸显"山歌寨"几个行书大字，当第一次身临其境时，我还不敢相信：这样光彩夺目、吸引顾客的几个字，原来是本人书写的招牌啊！

张家界山歌寨餐饮有限公司全景

　　这家酒店的老板叫赵绍兵，很年轻，30 岁出头，热心慈善和社会公益活动，是本地桑植县深山沟走出来的小有名气的企业家（见照片31）。他很早前做过农副土特产的贸易生意，并到广州服装企业打拼了10 年，再上北京经营服装，有了积蓄以后抓住张家界旅游事业这个龙头，办起了张家界山歌寨餐饮有限公司，从餐饮酒店切入，不断摸索，总结一套面向国内外客人又有湘西土家族特色的餐饮服务业。他选择了机场公路进出口又毗邻知名的大成酒店和华天酒店这个地理位置，便于拉开档次，吸引大酒店的客人。5 年前，经托请张家界驻北京办事处负责人，让我书写《山歌寨》几个字，此后几年我没来品尝过，只是经常在这里用餐的熟人朋友，他们见到题词后给我打电话，有时让我给老板说，让打点折扣。去年 11 月初，经姜玉平联系张罗，我陪同中国人民大学 8 位校友来这里用餐，亲身感受到生意红火的热闹场面，也为赵绍兵同志善于经营管理而高兴。这里能同时接待 500 人就餐，旅游旺季，黄金周时期这里每天的

作者书写的"山歌寨"三个字为酒店带来好运。赵绍兵很高兴与作者合影留念

营业额近 10 万元，11 月初已近淡季，每天也能收入 4 万～5 万元。酒楼依山势而建，有前楼、后楼和阶梯式过道，不仅楼顶部位高悬着我书写的"山歌寨"，而且迎客大堂门口也挂着三个字，只是尺寸缩小一点，显得整体协调。客人用的碗、茶壶、调羹等餐具以及服务员的工作服上，都印有我书写的三个字并经特定制作，很美观大方。来到酒楼，赵绍兵引领大家列队欢迎，许多服务员排着队先后抢着与我合影留念。人民大学来的客人也以"山歌寨"三个字为背景照相合影，有的随即通过微信发至朋友圈，既宣传了张家界山歌寨，也让我在张家界出彩。

多年来，我因张家界而出彩、得福的事很多。刚调离湖南到北京工作时，家里面临最大的问题是两个儿子能否顺利转入理想的中学。人大附中在北京很有名，当然是首选。经人介绍，我找到时任人大附中校长的朱迪生，他是一位杰出的校长、教育家，头脑清醒，办事干脆，见我说明来意后表示："你在张家界当常务副市长时接待、关照过人民大学和人大附中去旅游的校友和同事，他们回来常常津津乐道。就凭这一点，帮你免费安排一个小孩入校。"听朱校长这一表态，心里踏实一大半，第二个孩子的入学事情也就不再讲了，讲了也没有用。后来，我家小儿子从长沙一中转入北京十一学校高中一年级，高考考入南京河海大学，在这所全国知名的重点大学本科毕业又考回北京，在北京理工大学获得了硕士学位。当然，大儿子幸运转入人大附中，一年后考取人民大学，并在本专业找到伴侣，这样，我们一家人有三人是人大校友。与这一情缘不无关系，我几次邀请并陪同人大学友畅游张家界。

前文已经介绍，我在具体组织张家界国际森林保护接期间，邀请了一批人大学友来张家界参观，那时我和这些校友都在各省岗位上班工作，我的事情很多，只能陪餐，无法陪游。2017 年 11 月这次，除了我还挂着第十二届全国政协委员即将退休之外，其余校友均已退休。为了组织好这次张家界之行，解红老师召集在北京的部分校友就具体时间、路线筹划过两次。解红老师年龄比我还小几岁，带教过多个班级，在我们这班乃至全校学生中有很高的威望。当时，她是我们农业经济系学生的班主任和辅导老师。在她的组织带领下，全系朝气蓬勃，学习风气浓厚。难能可贵并使我们班引为自豪的是，毕业离校 30 多年来，全班同学仍然团结在她周围，经常聚叙，分享各位成功的喜悦和大家生活的情趣。哪位外地同学进京了，大家聚叙一下；哪位同学有什么好事、喜事，大家庆贺一下；哪位同学遇到了什么困难，大家合计着伸手帮扶一下；这些有益的活动太多在她的召集下进行，即使她没能参加，大家首先都念叨："今天解老师怎么没有来？" 10 年前，家境十分困难的朱乐尧同学患重病来京住院治疗，她领班上 30 多位同学很快筹得近 30 万元，帮助朱乐尧渡过难关。这次张家界之行，我和同学做好了准备，让解红老师带领大家开心一游，然而，事情就有这么巧，从北京出发前几天，解红老师因年迈的父亲重病而未能成行，留下遗憾，好在来日方长，以后再帮她找机会吧。市里听说我亲自陪人大校友过来，很重视，让市委接待处做好安排，并按现在的接待规定，要我提供详细名单。同学中原来担任过局长、主任、所长职务的好说，压根儿没有什么职务的怎么办？我懂这些套路，根据其从业特点和资历，临时安上一个原职务、职称即可，对张军东、邱金利、聂华等几位年长一点的同学，就冠以资深教授、高级经济师等头衔，当过局长、院长的卜新民、漆腊应就按职务加上"原"字。本来，同班的陈克同学是我重点邀请的对象，她当过中国储备粮总公司的副老总，现在仍任几家央企的董事，公务繁忙而未能应约。20 多年前她在当时的国家计委工作，很有实权。有一次湖南省副省长汪啸风带领省计委一班人到国家计委汇报，陈克出面接待时特意问了我的情况，并对张家界的项目表示特别的关心。后来，陈克还给我专门打电话核实有关项目情况。正是在国家计委的支持关心下，张家界的机场建设、澧水河流域开发和以工代赈资金粮食补助等都得到支持和照顾。现任张家界市的领导也很想见到曾经支持过张家界建设的有功之臣。

市委非常重视，安排接待的规格很高，让我们几位人大校友都觉得不好意思，市委书记、市长、市政协主席、市委专职副书记都分别陪餐，我们在张家界五天时间，天天有应酬。担任张家界航空职业技术学院党委书记的姜玉平插空把我们接去学校，同时请来肖征龙、向万隆等与我共过事的老同志，让我的老同学与老领导、老同事一块会面，虽然人大校友不认识这些老同事，但听取我们叙旧畅谈，也感觉很韵味。市委书记虢正贵和市长王志刚利用陪餐的时间给我们介绍市里的情况，展望未来的发展，

与人民大学校友在张家界大峡谷玻璃桥上合影

让大家深受教益。两位领导思路清晰，工作扎实，年富力强，在干部群众中口碑很好。虢正贵书记经过多岗位历练，有很强的驾驭大局和行政领导能力，与我相识较早，他曾担任过时任长沙市常委副市长徐宪平的秘书，后来并没有跟随徐宪平到省政府和北京工作，而是风华正茂之时从市里下到宁乡县苦干，担任过县委副书记、书记，到张家界担任书记之前任省政府副秘书长、省政府研究室主任。他思路开阔，全局在胸，和我们交谈时，用简短的几句话概括国际形势，认为世界已经进入旅游时代，需要我们密切关注全球旅游对我国和张家界旅游发展带来的机遇和挑战；他瞄准国内旅游正进入大众旅游的时代，全面建成小康社会有利于大众旅游消费持续快速增长，判断未来几年的旅游业正迎来新一轮发展黄金期。基于以上认识，他代表市委提出"对标提质，旅游强市"的发展战略，决心在湖南"锦绣潇湘"全域旅游基地建设中发挥龙头作用，要将张家界建成方便快捷、安全高效的畅达城市，宜游宜养、舒适舒心的"休闲城市"，山清水秀、天朗地净的"生态城市"，智能高效、全城覆盖的"智慧城市"，诚信友善，和美品质的"文明城市"。虢书记描绘的这幅美好蓝图，让我这个过去在这里干过旅游的老同志倍感兴奋和欣慰。

几天来的参观和旅游，我们不仅感受到原有风景区的品质得到提升，管理更加规范，而且新开发建设的景区亮点纷呈。张家界大峡谷景区尤其是这里的横空出世的玻璃桥，犹如皇冠上的明珠，与武陵源景区交相辉映。这座玻璃桥由世界著名的以色列设计师做建筑设计，我国中铁桥梁设计师做结构设计，造型优美，气势恢宏，可与美国科罗拉多大峡谷玻璃 U 型平台媲美，成为张家界乃至湖南旅游的一张新名片。现在，这里游客如织，今后，周边道路等基础设施和服务接待条件进一步完善后游客还会大量增加。

虢书记的头脑很清醒，从交谈中可知他心中分量更重的工作是领导全市扶贫攻坚和全面建成小康。他说，脱贫攻坚是一场硬仗，是唯一签了"军令状"的政治任务。大家立了"军令状"，军中无戏言，到了时间节点就必须要完成，为此，他要亲力亲为，一步一个脚印推进。我们住的市委迎宾馆，就位于市委机关旁边，五天时间，深深感受到，从市委书记到办事员、车队司机都很忙，但他们不是像过去我那样忙于接待和应酬，而是忙于精准扶贫。这五天时间，迎宾馆里只来了一批省里有关部门的客人，市里的领导也很少有陪餐任务。他们在日常办公处理公务之外，时时惦记着自己的精准扶贫点，司机都有帮扶对象，有具体工作任务。书记、市长带头经常深入到自己的联系点，随时掌握脱贫工作进展，落实帮扶措施，做好示范，以上率下。听到这些，我们这些来自北京的客人都至为感动。许许多多的各级领导干部正带领广大人民群众践行习近平中国特色社会主义思想，相信全面建成小康社会的目标会如期实现。

在风景区游览时，摄影发烧友邱金利以及卜新民、张军东忙得不亦乐乎。他们歪戴帽子，怀抱相机，收获了许多令人陶醉的风景照片，抓拍了同学相聚的惬意忘形的瞬间。卜新民同学担任过广东省统计局长、省人大常委会环境资源委员会主任多年，岗位权力大，但他的官当得洒脱，日子过得有滋有味。他的国学功底深厚，看问题入木三分，写的《回忆高考》《退休感言》等散文，与专业作家相比毫不逊色。这次游览张家界，他照完一组相后，便配上几句诗一般语言并及时发到微信群，引来点赞无数。例如在黄石寨的一组照片前，他写道："世界上的山，是一座座的，唯独张家界的山，是一根根的，形成全球绝版的张家界地貌。"在天子山的一组照片后他写道："这独一无二的石英砂岩峰体，是自然馈赠给世人的珍宝，被赞为扩大的盆景，缩小的仙境。"侯振华不愧是人民大学出版社的资深高级编辑，更是触景生情，诗兴大发，写下多篇诗词，特录其一首：

天门雨霁索溪烟，
猿戏禽鸣寨落喧。
藤翠竹青澧水碧，
亦仙亦幻武陵源。
刀峰扬剑云霄外，
渊壑藏幽洞瀑边。
夜日无界歌酣酒，
大庸国里不耕田。

大家以一个高雅游客的身份在宣传张家界，力挺张家界。

这次参观考察结束之后，张家界航空工业职业技术学院派旅行车送我们去岳阳，近400公里的路程，司机很辛苦。他返程的时候路上要休息几次，而且要吃一顿饭，我们给点吃的东西，他不要；给他百十元餐费，他更不收。司机还拉着我的手说："你是老领导，他们都是张家界的贵客，不能给客人添麻烦，客人平安到达目的地，我们司机就高兴。"多好的司机啊！在张家界，这样的好同志很多。三十年前我们共同参加新市筹建的机关车队队长兼司机朱官玉，也已退休了。他听说我到了张家界，提着一大筐水果，满头大汗赶来看望我，知道我要走，为的是见个面、叙叙旧。想起当年，他见证了一个至今牵动我心的场景：差点捡回来一个女儿，如果抚养到现在，已20多岁，成大姑娘了，现在回想起来还很有感慨，而且挥之不去。那天，我早上6点钟准备启程，想早点赶到长沙下午好办事。从住的地方出来，发现汽车边上放着一个箩筐，一看，里面还躺着一个婴儿，裹着的包布上有一张字条。我拿起纸条，上面写着一行字，女婴刚出生八天，请好心人带走抚养。看到这张字条和这个可怜的女婴，只有两个儿子、很想有个女儿的我，真想带回长沙抚养，看着睡梦中的女婴，想着急于去长沙要办的公事，容不得多想，很快打消了这个念头。我打电话要民政局的人马上过来，吩咐他们按相关政策办理，并叮嘱一定要妥善看护好这个女婴。20 多年过去了，不知道现在这个女婴是否安好，这也是离开张家界 20 多年的牵挂啊。

退休前夕，即2017年秋天，邀中国人民大学部分校友游张家界时，侯振华同学诗兴大发，写下不少诗词，摘其一首：

《秋游张家界》

天门雨霁索溪烟，猿戏禽鸣寨落喧。

藤翠竹青澧水碧，亦仙亦幻武陵源。

刃峰扬剑云霄外，渊壑藏幽洞瀑边。

夜日无界歌酣酒，大庸国里不耕田。

附录 1 洪灾过后重建家园的政策建议

1993 年 7 月 23 日至 24 日，澧水中上游普降特大暴雨，大庸市遭受到了建国以来最大的洪涝灾害。全市全面受灾，局部惨重。灾害中有 9.64 万人被洪水围困，死亡 52 人，倒塌房屋 7.7 万间。农业、工商企业均损失严重。能源、交通、通信、旅游基础设施和重点工程建设均受到程度不同的破坏。刚刚脱贫的农民中，又将有 8 万多人因灾重返贫困，新建的大庸市遭受到一次沉重的打击。

在灾害发生的过程中，市委、市政府有效地组织了抢险，减轻了灾害造成的损失。洪灾过后，市委、市政府在上级党委、政府的关怀支持和各有关部门的帮助下，组织全市人民奋起抗灾，开展捐赠钱物、生产自救活动，帮助灾区重建家园。现在，灾民已基本得到妥善安置，全市干线公路和旅游交通全面恢复，供电和通讯基本修复至乡镇所在地，工商企业大多已恢复正常生产、经营。各项生产自救的措施正在逐步落实。市委、市政府提出了"四保一挂"的抗灾自救目标责任制，即：①保证不因灾逃荒、讨饭、饿死、病死人；②保证通电、通路、通信；③保证九月上旬正常开学；④保证不因灾而诱发山村、田土、水利纠纷。将抗灾自救的业绩与年终考核评比挂钩。要求全市农业保产增收、工业增产增效、财政增收节支。当前，以大种秋菜等晚秋作物、扩大冬种、着手冬修、加快发展乡镇企业为重点，全面掀起生产自救的新高潮。由于这次灾害系 50 年一遇，对灾区正在向市场经济过渡，以家庭联产承包责任制为基础的农村经济造成全方位的冲击，与此相联系的一些政策性问题值得引起高度重视。

一、安置好无家可归的灾民是生产自救的首要环节

这次洪灾，全市共倒塌房屋 7.7 万间，其中民房 6.6 万间。有 1.2 万多人无家可归。尽快安置好这些灾民是关系到社会稳定、民心安定的大事。为此，我市采取了以下措施：

一是临时安置以后，在亲帮亲、邻帮邻的基础上，在一个村甚至更大的范围里组织轻灾户帮助重灾户，明确规定灾年的义务工可适当增加，帮助灾民修房和恢复生产可顶抵全年的义务工。

二是组织国土、民政、林业、保险等部门上门服务或联合办公，对无

房户建房手续从简、规费全免，对投保的房屋赔付及时兑现。

三是在选址的问题上要求乡村干部具体指导。一般来讲，能在原址恢复的尽量在原址修建。根据水文、地质情况需异地重建的，要求选择山坡地，不占稻田。灾民自己无合适山坡地可供建房的，先由村民小组在本组范围内调剂，小组串换调剂不过来的，再由村里统一调剂。个别村无房户较多、确实无法调剂需占稻田的，由个人先提出申请，村民讨论同意后，报乡政府审批。同时，要求占田修房者，开垦耕地以田还田。还有个别灾民是半边户、个体工商户，资金比较雄厚，他们要求到集镇或乡镇政府所在地建房落户，也应允许。

四是个别地势低洼，经常遭水淹的村组，这次灾害中房屋普遍倒塌，无房户比较集中，其建房救济款由乡统一掌握，在县城建部门帮助规划、选点的基础上，在地势较高的地方统一建灾民新村。例如桑植县汆湖乡碾子包村这次遭受灭顶之灾，他们的灾民新村正在兴建，群众非常欢迎。

五是个别乡人口少，规模又较小，乡政府地处洪水要道，年年面临水患威胁。这次洪灾使乡政府办公用房、粮站、供销社等设施被破坏得面目全非，原地恢复又担心再遭厄运。有关部门正在规划论证，将其合并到邻近乡镇行政区内。

二、田土的调整应慎之又慎

这次澧水中上游的洪涝灾害主要是以水冲、砂压、山崩为破坏特征，因而造成了灾区特别是重灾区地形、地貌发生了变化。全市 139.56 万亩耕地面积，有 21 万亩耕地表土荡然无存。一是山洪使河流改道，一部分耕地包括几十年来农民治河造山的耕地变成了河床；二是大面积水种砂压和泥石流的覆盖，使分户耕种的责任田界址不清了；三是大面积的山体滑坡后使部分田土重叠；四是山洪将靠近溪沟及河流两岸的田土刮走，造成部分农户基本失去了赖以生存的土地，成为缺田甚至无田户。例如，受灾惨重的桑植县竹叶坪乡，原有稻田 5400 多亩，洪灾造成 1100 多亩稻田难以恢复。这个乡的柳浪坪村，832 人原有 435 亩稻田、392 亩旱地，现仅存 200 亩稻田，人平 0.25 亩；仅存旱地 80 亩，人平 0.1 亩。

由于出现了上述情况，部分重灾区的灾民提出调整责任田的要求。在界址不清和田土重叠的地方，个别农户也想趁机抢先占田。乡镇和村的干部也认识不很统一。面对这些政策性问题，市委、市政府在组织生产自救的工作中，首先注意把基层干部和广大灾民的兴奋点、注意力引导到扩大秋种、补回损失和修复水毁工程上来。即先组织劳力统一修复可能恢复的水冲砂压田土。另外，以农经委牵头，水利和国土部门配合进行专题调查研究，提出是否调整以及怎样调整的具体意见。总的要求是：保持家庭联产承包责任制的基本稳定，个别村进行小调整时，由于山区一般没留机动田，所以小调整田土安排在秋收过后进行，并要求以原有田土为基数，参考恢复田土时的投劳情况，先将外迁户、死绝户的田土进行调整。调减现有农户的田土，要慎之又慎，调整的方案经村民讨论，得到大多数村民同意方可进行。对于山体滑坡形成田土重叠的新情况，则由国土、林业部门妥善处理。由于引导得当，全市灾区的生活自救都在抓紧进行，至今没有引发山林田土纠纷。

三、水利基础设施要注重质量、加强管理，汛期统一调度

这次澧水中上游的洪灾，除局部地区外，其降雨量大多低于 1954 年的暴雨，但澧水的流量和洪峰水位却高于 1954 年水位。给沿河两岸造成重大损失。痛定思痛，我认为，水利基础设施的修建质量、平时管理和汛期调度是值得深思的。

山区坡陡谷深，落差大，山洪暴发以后很易形成洪峰的叠加。水利设施一定要以若干年一遇的洪水为标准，优化设计，注重质量。否则，劳民伤财。

水利设施的管理和调度，在汛期尤为重要。农村现有的中小型水库，都是几十年来一个乡乃至全县统一组织修建的，一般兼有防洪、灌溉、发电、养殖等综合效益。现在农村向市场经济过渡，水已成为也应成为商品。所以灌溉、发电、养殖对水库管理部门都会带来直接经济效益。防洪是全流域的大事，作为水库、水利部门一家难以管理。这次洪灾恰好发生

在盛夏季节。洪灾之前，有的水库管理人员凭经验已将水蓄满，以利发电灌溉，留的防洪库容很小。7 月 23 日凌晨山洪暴发，通信中断以后，他们得不到上游的降雨量信息和下游的水文情况，只好从水库保安着眼，凭经验开闸，给到达水库下游的洪峰起了火上浇油的作用。

今后如何吸取教训？首先，具有防洪、灌溉、发电等综合效益的水利工程，在汛期必须将防洪作为第一目标和要求。像森林防火一样，从上至下建立强有力的有线和无线通信联络指挥系统。建立上下游的水文监测和报警系统。其次，要全面提高水库调度人员的政治、业务素质，实施科学调度。其三，水库上游及其整个澧水流域的水土保持工作应结合实施长江防护林工程体系建设加快进度。其四，江垭水利枢纽工程的建设和澧水的梯级综合开发应加大投入加快进行。

四、在向市场经济转轨的新形势下，贫困地区的救灾工作要给特殊政策

大庸既是新兴的旅游城市，又是正在逐步脱贫的贫困地区。灾后的自救，有以下几个不同于经济较发达地区的特点：一是商品经济不发达，人流、物流、信息流的流量不大，市场发育不全。灾后工农互补、农商互市的规模、数量均很小，轻灾区帮助重灾区的力量也很小。二是灾情一发生就造成交通、通信、供电中断，自然条件较差，灾情一时难以报出，就连救灾的人力、物力都一时难以到达灾区。三是市、区县均吃省财政补贴，挤出点钱救灾，也是杯水车薪。少数重灾乡镇的干部两三个月没发工资了，他们要组织救灾，还要带头捐款，日子难过。四是缺少大中型骨干企业，银行吸储能力差，一方面没有捐款大户，另一方面银行缺少救灾资金。另外，作为国家重点风景名胜区，灾情如实向外界报重了，怕影响旅游业，不报出去，又得不到上级的支持和社会的同情。这样的贫困地区发生灾害，是雪上加霜，救灾要有特殊的政策。

第一，在实行财政补贴的贫困市县，应建立由省级财政补助的救灾专项基金，实行像农副产品收购资金一样的专项管理办法。这样，一方面可以防止吃财政补贴的市县平衡赤字时平时花掉准备金；另一方面，省

里察看灾情以后可以及时将救灾款就地拨付到位。

第二，上级金融部门为启动受灾企业给的救灾贷款，一定要既带规模，又带资金，否则就会落空。

第三，要求在大庸尽快建立国家粮食储备库。现在救灾粮从常德等地运来灾区，运费高，粮食运输企业不愿将运费挂账，以致销往灾区的粮价灾民难以承受。

第四，以工代赈的政策，要向受灾的贫困地区倾斜。特别是救灾的以工代赈项目，应进一步简化手续，省里切块到市县以后，由市、县综合平衡安排，接受省直有关部门的监督，以保证项目资金，尽量提前到位。

第五，以这次救灾为契机，大力发展城乡的保险事业。保险是社会经济活动中不可缺少的组成部分。国民收入中要作必要的扣除来对付自然灾害等不测事件。现在搞市场经济，投资主体多元化，投保的主体必然多元化，每一个生产经营企业和农户，都要将过去一年的收入作必要的扣除来用于来年的人身和财产保险。今后，灾后的自救活动和生产的恢复要逐步走上政府牵头，以各级各类保险事业和企业单位定损赔付为主、社会各界支持为辅的规范化道路。今年年初，我市永定区和桑植县政府从财政、民政渠道挤了一点钱为全区、县农户的房屋办了保险。结果这次洪灾造成数万间房屋受损、倒塌后，灾民快得到了应有的赔偿，灾民们都赞扬区县政府为他们办了一件意想不到的大好事。因此，对于贫困地区，经济基础差，农民收入低，地方政府应挤出一点钱来资助农民办保险，农民自己也要挤点钱来参加保险，并逐步扩大险种、加大投保。社会各界不能把农民投保参加保险认为是增加负担，乱收费。同时保险政策对贫困地区应予倾斜和照顾。

五、农村要造就一支经风雨、见世面，关键时刻稳得住，平时能打开局面的干部队伍

在突如其来的灾害面前，乡镇村基层干部尤其是主要领导骨干能否稳住阵脚，沉着应战，是关系到在洪水到来之时能否有条不紊地组织奋力抢险和灾后有效地开展生产自救的关键。从这次灾害的全过程来看，我

市大部分农村的基层干部是胜任的，但也有个别乡镇和少数村的党组织战斗力不强。反映比较多的主要有三种情况：一种是对农村干部年轻化，有些片面理解。有的乡镇干部只 40 岁上下就认为年龄大了，想进城。现在乡镇负责干部中 30 岁左右的占主流。他们热情高，有商品经济的一些知识，在风调雨顺的情况下还过得去，但一旦遇上像今年洪灾这样突如其来的事件，就感到束手无策。险情发生的时候，一些乡镇的通信、供电中断。有一个乡镇的党委书记急得嚎啕大哭。灾情过后好几天，有一个乡的 10 多名干部各自都无主张，每天早饭后等着乡长安排后才去做事。第二种情况，许多乡、镇主要负责干部都是半边户，其中多数安家在县，因而经常跑县城，这次灾害险情发生时，有的主要负责人就不在乡镇。第三种情况，村组干部年龄偏大，接受新经济思想少，因而缺乏号召力。

　　农业经济是自然再生产与经济再生产相交错的过程。作为农村基层干部，既要指导分户经营的家庭生产活动，又要能把握商品经济的大市场，还要有驾驭经常发生的自然灾害和处理各种民事纠纷的能力。因此优秀的乡镇主要负责干部，需要有一定的经验积累和经济等方面的新知识。我们要有相应的激励机制和待遇条件。鼓励优秀农村干部安心农村工作，同时，乡镇干部也要形成梯队层次，一般以三四十岁的干部为主体，还要有 20 多岁和 50 多岁的干部。对在农村工作时间长的，经过一定的组织程序，应享受到副县级待遇，对其家属子女入学就业等方面给予照顾。对于在像洪灾这样的突发事件中表现突出的干部，要给予重奖。

　　（本文写于 1993 年 8 月，引起了省委领导的重视，当时的省委书记熊清泉、省长陈邦柱、常务副省长王克英都作了批示，成为制定有关灾后重建政策的重要参考）

附录 2

深化改革，扩大开放，加快建设国际旅游新城

——代表市人民政府在大庸市第一次全市人民代表大会第四次会议上的报告

（1993 年 1 月 4 日）

一、抓住历史机遇，明确工作重点，实现全市跨越式发展

（一）进一步解放思想换脑筋。实践证明，解放思想的程度直接影响改革开放的深度和经济发展的速度。我们必须紧紧围绕建立社会主义市场经济体制这一目标，在更广泛的领域、更深的层次上解放思想，转换脑筋，以思想的大解放、观念的大更新，促进市场经济的大发展。各级各部门用党的十四大精神武装头脑，继续清除"左"的影响，冲破那些在计划经济体制下形成的旧观念、旧框框，克服封闭、保守的内陆意识、山区意识和故步自封、墨守成规的小农经济意识，确立与市场经济相适应的思想观念、思维方式、行为规范、价值观念，进一步解决好敢干、会干、实干的问题。要以"三个有利于"为标准，继续认真清理各项政策措施，对那些不合时宜的旧条文、旧章法，坚决予以废止，使各方面的工作尽快适应市场经济的要求。

（二）继续加强农业和农村工作，抓紧建立高产、优质，高效农业。农业是国民经济发展和全社会稳定的基础，农村是奔小康的重点和难点。对农业基础地位的认识绝不能动摇。我们以农民增收为目标，把农民致富作为农村全部工作的出发点和落脚点。各级农村干部，要努力学习市场经济知识，逐步学会按照市场经济规律指导农村工作，带领农民走向市场，把农业推向市场，让农民以商品生产者和经营者的双重身份登上市场经济的舞台，努力把产品经济条件下的农业资源优势转变为社会主义市场经济条件下的农业商品优势，实现农村经济持续、稳定发展。进一步优化农业内部结构，在确保粮食生产稳定增长的基础上，大力发展经济作物，建设一批优质农产品商品基地，促进规模经营，发展创汇农业，走高产、优质、高效的路子，继续建设支柱产业，在山上作文章，大力开发山地资源，在管好现有用材林、经济林的基础上，进一步扩大"三木"药材、板栗、优质水果、茶叶、烟叶等经济林（作物）面积，与此同时，大力发展养殖业，尽快把养殖业的比重提高到农业总产值的35%以上。大力发展乡镇企业，全市乡镇企业产值达到8亿元，速度保持在35%以上。此外，继续抓好以工代赈和扶贫开发工作，大搞农业综合开发，努力扩大劳务输出，通过

多种渠道，使大批农业劳动力向非农业产业转移。继续增加对农业的投入，切实加强农田水利基本建设和定型耕地建设，不断增强农业发展后劲。总之，为了使农民多增加收入，要千方百计组织 5 万农民到沿海、50 万吨煤炭出大庸、15 万担烟叶上市场、35 万头肥猪变商品。

（三）努力转换企业经营机制，加快工业发展。首先，继续抓好《全民所有制工业企业转换经营机制条例》（以下简称《条例》）的贯彻落实。各级政府、主权，不折不扣地放给企业主管部门，把《条例》赋予企业的 14 项经营自主权，不折不扣地放给企业任何部门，不得以任何借口截留。其次，通过理顺产权关系，改善公有制实现形式，下决心把企业推向市场，使企业成为真正的法人实体和市场竞争主体，并承担国有资产保值增值的责任。企业的经营机制由各企业自行选定．什么机制能把企业搞活就采用什么机制。根据我市的实际，既可采用投入产出总承包，又可积极发展股份制；既可兼并或组建企业集团，又可出租、拍卖国有小型微利企业，既可引入乡镇企业管理机制，又可上一批非国有企业；等等。除国家有明文规定的外，工商企业的经营范围要完全放开，提倡一业为主，多种经营。所有企业都要大力加强内部管理，通过严格的质量管理和现场管理，厉行节约，降低消耗，大幅度提高劳动生产率和投入产出效益。同时，切实抓好高科技、高附加值工业的发展，使之逐步形成支柱产业和税利大户。

（四）充分发挥优势，大力发展高收入的旅游业。我市最大的资源是旅游，最大的优势也在旅游。离开旅游业而孤立地抓其他产业，在某种意义上讲就偏离了建市目标，也很难抓出成效。所以，我们一定进一步增强旅游"龙头"意识，充分发挥旅游的导向功能，抓住当前旅游业蓬勃上升的大好时机，全面开发旅游资源，以旅游产业带动全市工业、农业、商业、外贸出口、房地产业和文化教育等社会事业的发展，以旅游区兴旺促进其他地区的繁荣。现在，长江三峡旅游形势看好，并已成为国际旅游热线。我们要积极主动上门"攀亲"，借船出山下海。风景区要按照"大力保护、合理开发、重点建设、加快发展"的原则，注重环境效益、社会效益和经济效益的统一，在总体规划的基础上做好分区规划。武陵源区要积极创造条件，做好工作，力争上级批准为国家级旅游度假区。全市都抓紧做好旅游促销工作，改善交通条件，抓紧改造一批宾馆、招待所，提高综合接待水平。在近两年内，兴建3到4家三四星级宾馆、酒店；修建一些高消费游乐设施，如娱乐中心、民族文化村，高档大型舞场、现代音乐厅、夜总会等，为丰富夜生活服务。开发旅游纪念品，满足国内外游客的需求。同时，尽快制定旅游行业管理和旅游市场管理规定，强化旅游行业管理，整顿旅游秩序，提高服务质量，改进服务态度，为旅游者提供满意的旅游环境。

（五）积极培育和发展市场，进一步搞活商品流通。大力加强市场建设，逐步形成以农村市场为依托，建制镇市场为基础，区县中心市场为纽带，边贸市场为辐射点，铁路沿线大型综合批发市场为通道的市场网络。积极到沿海和沿边城市办实体、开窗口。金融市场建设，要巩固现有一个资金市场两个融资中心，积极开辟融资领域，发展保险事业，增强筹集资金的能力。尽快发展和完善房地产市场，充分发挥国土、城建规划部门的职能作用，制止乱占滥建行为。积极推行土地使用制度改革，实行土地有偿有期使用，建设用地做到统一规划、统一征用、统一开发、统一出让、统一管理，切实管好用好土地资产，允许土地作为特殊商品进入市场流通，走"以地生财"的路子。充分利用景区会议多、流动人口多、信息渠道多、来源广的特点，尽快建立信息市场。人才市场，要进一步放开搞活，采取优惠政策，引进人才，并鼓励大批科技人员向基层、向企业、向生产第一线流动。加快技术市场建设。进一步培育劳务市场，强化劳务监察体系，继续加强审计、税务、工商、物价、标准、计量等行政管理监督职能，严厉打击制售假冒伪劣商品的行为，为发展市场、搞活流通服务。

（六）扩大对外开放，力争开发区的建设和内外贸、外经工作有新的突破。在对外开放上，集中力量建好张家界旅游经济开发区，办好"一节一会"，主动"走出去"，宣传大庸，招商引资，下决心改善投资环境。进一步放宽利用外资的政策，使外商得到更多的优惠。要从长计议，舍小利得大利，让短利得长利，要采取多种形式，以市场换开放，以土地换开放，以劳力换开放，以资源换开放。在利用外资领域上由过去的单纯旅游投资，扩大到基础设施和第一、二产业的投资。城区、景区利用外资开发要注重实效，逐步扩大规模，搞好软、硬环境的配套建设，慈利五雷山、桑植九天洞的开发要加快步伐。积极促成西溪坪工业园旅游豪华车队投入营运。大胆利用世界银行贷款，加快教育、卫生防疫、妇幼保健、农村改水等建设。

组织力量、抓紧申报、力争我市直接经营对外进出口业务，并做好设立海关的各项准备。通过多办"三资"企业，促进生产企业与外贸的结合。抓紧组建工贸、农贸、内外贸结合的联营公司。建立商品出口基地，发展拳头产品，逐步形成农产品、中药材、服装、工艺品、化工类产品和原烟的生产、加工、出口体系。

（七）大力发展个体、私营经济，促进第三产业的发展。发展第三产业是当前和今后一个时期内的一项重要任务。我们一定继续贯彻中央和国务院的有关文件精神，大力发展以旅游业为主要内容和导向的第三产业，增加第三产业在国民生产总值中的比重，力争今年第三产业的比重由 1991 年的 26.2% 提高到 30% 以上。

发展第三产业，必须动员和依靠全社会的力量，大力发展个体私营经济。各区县要结合建立非农经济示范小区，积极鼓励农民进城进镇经商办企业。坚持国家、集体、个体、私营、外资一起上，努力实现"四个突破"，即个体工商户增长 30%，从业人员达到 3.8 万人，个体私营企业产值突破 1 亿元，营业收入达到 3.3 亿元，个体工商税收突破 2000 万元，集贸市场成交额突破 3.5 亿元。通过今后两三年的努力，使个体从业人员达到 8 至 10 万人，占总人口数的 5% 以上。制定优惠政策，支持第三产业和个体私营经济发展，如放宽从业条件，放宽经营范围，妥善安排经营场地，多渠道筹措资金，实行税收优惠，等等。充分发挥个体协会的作用，维护个体、私营经济的合法权益，促使全市个体、私营经济沿着健康的轨道发展。

（八）坚持科技兴市、教育立市的方针，高度重视教育和科技，加快各项社会事业的发展，努力提高民族道德素质和科学文化素质。

继续改善办学条件，全面提高教育质量。狠抓基础教育和师资队伍建设，大力发展职业技术教育和成人教育，办好有自己特色的武陵大学，形成我市小学、中学、职中、大专院校结合的立体教育体系。

深化科学技术是第一生产力的认识，进一步尊重知识，尊重人才，努力创造更加有利于知识分子施展聪明才智的良好环境。抓紧现有科技成果的推广应用，尽快实现科学技术向现实生产力的转变。

继续坚持卫生工作方针，大力开展城乡爱国卫生运动和预防保健工作，积极创办中医示范医院和示范县，进一步加强农村区、乡（镇）卫生院和村级卫生室建设，配套建设市人民医院。

加强文化、体育、广播电视的基础设施建设，不断丰富人民群众的文化生活，积极配合省广播电视大厅，开通羊峰山至朝天观、太阳山电视微波，解决慈利县人民收看市电视台节目难的问题。积极开展群众体育活动，发展传统竞技体育。继续开展扫黄工作，为人民群众提供健康有益的精神食粮。

与此同时，广泛开展救灾救济和农村社会养老保险工作，逐渐建立完善社会保障体系，进一步加强城市管理、监察审计、环保、气象、老龄、修志、档案、民族侨务、宗教等工作。

（九）进一步重视计划生育工作。各级政府、各个部门必须始终坚持"两种生产"一起抓，严格控制人口增长。要进一步加强计划生育基层基础工作，今年抓好48个乡镇计划生育服务指导站的建设。在全市范围内大力开展无计划外生育、无多胎、无大月份引产的"三无活动"。加强流动人口计划生育的管理，逐步建立流动人口计划生育的管理制度。进一步落实计划生育的有关政策和"一票否决权"制度，把计划生育这个基本国策落实到千家万户。

（十）努力加强民主与法制建设，狠抓社会治安综合治理。进一步强化人民民主专政，发挥专政机关的职能，保障两个文明建设的进行，深入贯彻"严打"方针，继续开展破积案、挖团伙、追逃犯、治流氓的斗争；继续开展六害斗争；继续打击经济犯罪，重点是惩治贪污贿赂犯罪分子。加强对诈骗、偷税抗税、假冒商标等犯罪案件的查处。在办理经济犯罪案件中，对大胆改革、敢闯敢试、做出贡献而有失误的人，处理更加慎重，凡政策法律规定不明确的，不按违法犯罪追究，注意保护他们的积极性。对诬告者坚决查处。对确实构成犯罪，但罪行较轻、认罪态度较好的，允许他们戴罪立功。当前，以反盗窃斗争为突破口，进一步抓好社会治安综合治理，落实"谁主管、谁负责"的治安责任制和"一票否决权"，健全群防群治网络。继续深入开展"一二·五"普法教育，提高全民知法、守法的自觉性。继续抓好全民国防教育，进一步做好民兵预备役工作，广泛开展拥政爱民、拥军优属活动，热情关心和支持军分区、人武部和武警、消防部队的各项建设，发展军民、警民团结、互相支持的大好局面。

二、围绕建立社会主义市场经济体制，转变政府职能，改革行政机构，改进工作作风，提高办事效率

建立社会主义市场经济体制，最重要的一个环节就是要精简机构、转变政府职能。全市各级政府、各个部门都要统一认识，围绕建立社会主义市场经济体制，采取有效措施，下大决心，花大气力转变职能，进一步加快我市机构改革步伐。

（一）积极转变政府职能。转变政府职能关键是简政放权，政企分开，各级政府要把属于企业、社会的权利统统放给企业和社会。放权不是放弃领导，而是要"放小权，掌大权"，从对微观事务的管理中摆脱出来，由包揽一切转到统揽全局，由"分钱分物批项目"转到抓大事、抓宏观调控和方针政策上来。

一是更新观念，从思想上实现转变。我们要充分认识到社会主义市场经济体制的建立，是思想上的大解放，观念上的大转变，认识上的大飞跃，理论上的大突破。建立社会主义市场经济体制是对我国十四年经济体制改革实践经验总结的产物。我们要不断适应市场经济体制建设的需要，坚决清除"左"的影响，破除旧观念的束缚，进一步增强发展意识、超前意识、竞争意识、市场意识和人才意识，适应时代潮流，转变指导经济工作的旧观念、旧习惯、把整个思维方式由计划经济、产品经济转向市场经济，树立社会主义市场经济的新观念，自觉地促进市场经济体制的建立。

二是加强宏观调控，从管理体制上转变职能。充分发挥政府在经济工作中统筹规划、掌握政策、信息引导、宏观决策、组织协调、提供服务和检查监督职能，认真研究国民经济发展的战略和总体布局，广泛征求各方面的意见，制定本地经济和社会发展的中长期规划，对整个社会经济活动特别是总供给和总需求的平衡进行宏观管理和调控。各级经济行政管理部门要加强市场引导，从过去对经济直接管理转到对经济实行间接管理上来。加强市场预测，为企业提供信息和搞好配套服务，支持和帮助企业转换经营机制。加强市场体系的培育，把企业推向市场，用市场引导企业，加快企业的自我发展，提高企业在市场中的竞争能力。

三是改进机关作风，从工作方法上转变职能。各级政府和各个部门都要保证政令畅通，围绕服务基层，提高办事效率，做好本职工作。坚决克服地区、行业垄断行为和部门保护主义，克服拖拉作风，增强服务的责任感和特事特办的紧迫感，形成严谨的工作作风，积极支持重点工程和开发区建设。要简化办事程序，建立和完善联合会审制度，逐步实行一支笔签字，一个窗口对外，一条龙服务。机关工作要适应社会主义市场经济发展的需要，逐步走上科学化、制度化、规范化轨道，要坚决克服形式主义，反对坐而论道，倡导录实、务实、落实的作风，真抓实干，把各项工作落到实处。下决心克服"三多"。严格会议、文件审批制度，减少事务性应酬活动，千方百计精简会议，全市性工、农、商、学、兵工作会议只能半年召开一次，其他部门会议一年不得超过三次。精简各类简报和文件，市直副处级以上单位只能办一份简报，严格控制文件数量，每年市政府下行文不超过 20 个。

（二）积极推进机构改革。党的十四大报告指出，机构改革，精兵简政既是政治体制改革的紧迫任务，也是经济体制改革，建立社会主义市场经济体制和现代化建设的关键，我们要认真贯彻落实十四大精神，按照党政职能分开、政企职能分开和精干、效能、统一的原则，对我市现行的行政管理体制和行政机构进行改革。

一是简政放权。我们要遵循行政管理的自身规律，理顺各方面的关系，重点理顺县区与乡镇的关系。对区县来说，条件成熟时，可以撤并区公所或办事组。向乡镇下放"三权"，即人权、财权、物权，进一步充实基层力量，巩固基层政权。在下放"三权"中，设在乡镇的机构，如农技、林业、经营管理、畜牧兽医、国土、财政、水利、文化、教育、卫生、广播电视等区县直部门派驻在乡镇的机构和人员，全部下放到乡镇管理，健全和完善乡镇政府功能。市区县主管部门，根据这个要求，尽快拿出方案，在今年一季度以前全部下放到位。全市上下都要统一思想认识，紧密配合，把这项工作抓好。

二是实行转体。我们在转体中，要组建联络城乡经济的生产型、经营型和服务型实体，重点精简各专业经济主管部门和流通管理机构。目前，专业性经济管理部门要逐步实行企业化，变成经济实体。

涉工、涉农、涉商部门要逐步成建制地转为总公司或其他经济实体。

涉工部门一方面要充分发挥部门服务职能，进一步贯彻落实《条例》精神，促进工业企业转换经营机制，另一方面要结合行业特点，向经济实体转体，面向市场，发展生产，搞活经营。涉农部门要进一步建立和完善农业社会化服务体系，围绕发展农村商品生产，创办经济实体，建立贸工农、种养加、销供产一体化的综合经营体制或开发服务中心，加速城乡商品经济发展。涉商部门要发挥流通领域的优势，从放活商业企业，搞活流通入手，加强经营管理，提高经济效益。目前，各专业性的经济管理部门向企业化转体，可以挂两块牌子，与行政脱钩不"断奶"。随着收入增加，效益好转以后逐步脱钩。事业单位的转体可采取分步走，先办实体创收，财政可以酌情补助，然后再半自费或全部自费。机关后勤单位也要面向市场积极创收，利用市场经济机制，提高效益，实现自我发展。今后，政府对上述部门和单位的工作进行评价，就是在贯彻执行方针政策的前提下，主要看为基层办实事办得如何，转变职能办实体办得如何。

三是分流人员。我们要在实现人力资源合理配置和优化组合中，分流人员，充实加强生产、服务和基层第一线的力量，促进经济和社会的全面发展。建立有效的激励机制，鼓励一部分机关干部下到企业去承办、领办或创办经济实体。根据十四大提出在三年内基本完成机构改革任务目标的要求，我市从今年开始在永定区进行机构改革试点，然后在两县全面推开。市直机关各单位也要针对科室过多的现状，进行必要改革，如采取分组合署办公、强化职能机构、削减交叉机构等，进一步减少工作环节，提高办事效率。

四是逐步推行国家公务员制度。在全国实行国家公务员制度以前，我们根据实际情况，逐步推选一些有关公务员制度的单项法规。市区县在机构改革的同时，进行公务员制度的试点工作，为下一步全面实行公务员制度打下基础。

（三）密切政府同人民群众的关系。我们各级政府的宗旨是全心全意为人民服务，诚心诚意为人民谋利益。我们一定增强群众观念，真正坚持"以民为本"，及时发现和解决群众最关心的问题。对目前群众反映农民负担重、城镇就业难、部分地方社会治安差等问题我们要积极采取措施，尽最大的努力加以解决。

继续深入贯彻国务院关于农民承担费用、劳务管理条例和李鹏总理最近的讲话精神，要下大决心制止项集资和不合理摊派，坚决减轻农民负担。减轻农民负担要动真的，最重要的是要牢固树立群众观点，处处以人民利益为重，不能事事向群众伸手。关心群众的疾苦，做好贫困户的扶植救济工作。在实际工作中，坚决克服各项事业齐头并进的倾向，各项事业的发展要适应生产力发展水平和群众的承受能力，分清轻重缓急，该缓办的要缓办。形式主义就是官僚主义，目前盛行的一些形式主义的考核达标活动要坚决取消。同时，要大办乡村企业，壮大集体经济，增加公共积累，逐步减轻农民的负担。

要把安置待业人员作为一件大事来抓。为安置好待业人员，我们要适应发展市场经济的要求，转变观念，走改革的路子，逐步改变过去由国家包揽的做法，积极引导和鼓励待业人员从事集体、私营、个体经济，从事第三产业，在重点工程建设上，积极实行开发性移民安置。

（四）切实加强政府的自身建设。各级政府及其部门要进一步增强法律意识，严格依法行政，提高行政执法水平，加强行政执法监督检查，搞好行政复议和行政应诉工作，逐步把政府工作纳入法制化转道。各级各部门一定要坚持廉洁奉公，勤政为民，领导干部要率先垂范，带头同腐败现象作斗争，坚持勤俭节约、艰苦创业，认真落实中央和省里有关文件精神，从严控制各种检查、评比和表彰活动，坚决克服、纠正不正之风和形式主义。各级领导要带头改进作风，深入基层，深入实际，调查研究，倾听群众的意见和呼声，为他们排忧解难，进一步调动广大群众投身改革开放和发展经济的积极性。

现在目标已经明确，大政方针已经确立。我们一定在党的十四大精神指引下，在市委的正确领导和人大及其常委会的监督下，在社会各界人士的支持帮助下更加振奋精神，开拓进取，不等不靠，真抓实干。凡是上边允许和要求干的，我们眼明手快、坚决地干；凡上级没有规定而我们大庸又该办、能办的事，要不失时机、主动地干；凡自己想干又一时看不准的事，也要敢于探索、尝试着干。让我们上下一条心，拧成一股绳，进一步增强民族团结，丢掉部门利益，共同朝着国际旅游新城和跻身全省十强的目标，大跨度地前进！

（这是作者在张家界市任常务副市长时于 1993 年 1 月 4 日代表市政府在市人代会上作的政府工作报告节选，题目为作者所加）

附录 3 出访新加坡
马来西亚手记

新加坡、亚洲"四小龙"中的佼佼者，去过的人无不称赞她的"天姿国色"；马来西亚，这个自称亚洲第五小龙的东南亚富裕国家，对外也颇有吸引力。1992 年 11 月底至 12 月初，我随省旅游局张正祥副局长和省海外旅游总公司吴石关总经理、袁进茂经理到这两个国家进行了半个多月的访问考察，所见所闻，令人耳目一新。

11 月 23 日　新加坡——一出机场安娜小姐就……

我曾到过香港，也算见过世面，但真正走出国门，这还是头一次。

11 月 23 日下 2 点半钟从广州乘波音 767 大型宽体客机起飞，下午 6 点就到了新加坡樟宜国际机场。

樟宜机场是新加坡的骄傲，在亚洲首屈一指，据说在有关单位组织的世界所有机场评比中，它多次拔得头筹。我们走出飞机栈桥来到过道，就像来到一座三星级宾馆的大堂，不过，这个大堂一直延伸近千米，客人可以步行，也可以站在平行电动传送带上，每走几十米就有卫生间，也有投币电话。走完过道便是海关大厅，这里到处是免费供应的宣传资料、饭店介绍单和城市地图以及经济信息资料。由于我们在飞机上就填好了出关申报单，所以出关很快。从下飞机到出机场，不到半个小时。我走出机场站在高处望了一下，它有三条起降跑道，整个候机楼群比湖南省的黄花机场要大七八倍。我真佩服新加坡人的胆识和气魄。回想起来也为我们张家界机场乘邓小平南方谈话的春风由二级机场改建为一级机场而庆幸。因为机场是对外开放的重要标志，随着张家界走向世界，机场建小了将后悔莫及。

出机场后正值傍晚时分，热情的主人——新加坡中国旅行社的曾副总经理和曾到过大庸的安娜小姐驾车载着我们沿高速公路驶往市区。7 点，我们到下榻的胡姬花园酒店，这是一座法国人经营管理的四星级酒店，环境优美，我们放好行李，用完晚餐，已是 9 点多钟，如果在国内，就可能洗澡后休息了，但新加坡人的夜生活刚刚开始，我的脑子也在兴奋之中，抓起电话，要通了曾陪同新加坡何家良政务次长来武陵源旅游观光的洪生先生。我本想只报个信，相约日后见面的时间、地点，没想到洪先生表示立即要来住地看望。片刻，他约了几位朋友，在酒吧间请我们消夜。大家海阔天空，边吃边喝边谈，深夜 12 时才分手。此时，酒店公共活动场所仍然轻歌曼舞，灯红酒绿，我无暇观看，回到房间记下了到新加坡的第一天。

11 月 24 日　新加坡"张家界市"市长被"截获"

到新加坡的第二天，我们顾不上观市容、看景点，而是急于拜访旅游界同行，了解新加坡客源市场情况。这天，我们先后走访了新加坡中国旅行社和大通、益群、幸运、曾兄弟等几家旅行社。这些旅行社不论规模大小，人数多少，其办公手段均高度现代化：每个职员的桌子上都有计算机、电话，职员使用电话，轻声细语，根本没有工夫闲谈，抽烟者需离座到规定的吸烟区去。这些旅行社的老板，大多是湖南省旅游局张副局长的老朋友。老张在向客人介绍时，第一句话总是说："这位先生是从张家界来的，他是张家界所在那个地方的副市长。"新加坡大多数人都懂华语，但懂得不深，在他们的心目中：市长、省长、州长一般只有一个。所以客人的印象就是张家界市长来了，他们都十分关切地询问张家界机场及旅游线路走向。

益群旅行社规模较大，生意也红火。女主人陈女士热情地接待我们并告诉说，中国桂林当天早晨发生空难了，她正在向询问的市民做解释工作：死难者中没有本旅行社客人，并着手调整去中国的旅游路线，尽量避开桂林。当天下午的报纸证实她的消息，我佩服国外旅游经营者消息灵通。她从国际广播中知道桂林空难的消息，离发生空难的时间不到 3 个小时。

"益群"实际是两夫妻经营的旅游企业，丈夫是董事长，妻子为总经理。陈总经理与我们谈了一阵，便把我们引导到她的丈夫——董事长的办公室，和董事长探讨更深层次的旅游市场开发和合作问题，而她去接待一位老板。

我们正谈得投机时，陈女士打断我们的谈话，说一位老板要见张家界市长，接着进来一位精明的中年男士。从名片和陈女士的介绍得知，他是新加坡颇有名气的丰隆集团公司的董事——林延高博士。当时他正准备去中国考察旅游环境，临行前到益群旅行社咨询中国情况，并特地询问张家界和黄山的旅游路线及到这两地投资的可行性。当他得知张家界那个地方来了一位副市长时，喜出望外，跟着陈总经理追寻到董事长办公室和我攀谈起来。林先生知识渊博，阅历丰富，他认为中国现在政策好，局势稳定，经济发展潜力大，在旅游和其他商品经营贸易方面，既是巨大的买方市场，又是卖方市场。香港地区、台湾地区人民搭上了中国改革开放的"第一班车"，大多做贸易赚了钱，新加坡人只好赶"第二班车"了。我们介绍了机场等情况，大家越谈越投机，林先生恳请我们给他面子，邀请我们去他办公室对着地图详谈。盛情难却，我们只好临时改变日程，增加与林先生洽谈。就这样，半路被丰隆集团公司"截"走了。

由于我们下榻的酒店也是丰隆集团公司成员单位，林先生得知以后与酒店的法国老板通了电话。虽然他们通电话时讲的英语，但"张家界""梅先生"几个词还是听懂了，显然是要酒店好好照顾我们。下午回到客房，书案上摆了盛开的鲜花，茶几上摆了一提篮杧果、美国葡萄、香蕉等水果，请吃一顿就自不用说了。这都是托张家界的福啊！

11月27日　新加坡——圣淘沙
中国市长差点犯了王法

到新加坡的第四天，才安排参观市区和一些主要景点。

从住地到市中心区，经过一段高速公路。高速公路上不断有天桥横过，公路两旁和上下行车道的隔离带都栽种着红、蓝、黄色或紫色鲜花，路边一般都有两至三条鲜花带。坐在汽车里前进。就像穿行在长长的彩带之中。

主人安娜小姐驾车，边开车边介绍，还不时在汽车里与朋友、同事通电话。有时还听到车后有警报声。原来，新加坡管理严格，在驾驶台安装了"大哥大"插座，备有"大哥大"的司机一上车，就将其卡在固定"插座"上。无须一只手掌方向盘，一只手拿"大哥大"，如果将"大哥大"拿在手里开车，就将被处罚。为了控制车速，新加坡政府规定：载客的面包车、其他客车，车上必须装有超速警报器，否则不给发牌照。面包车超过90公里时速，警报器自动报警并向交警控制室发出了信号，如不立即减速，总控制室就会通知前方路警。

进入商业区以后，主人领我们去逛一家超级市场。我看到市场就在马路对面，想趁车辆少时横过马路。哪知一只脚刚下路沿，安娜小组就提醒："不要犯法！"我感到有点莫名其妙，原来，真的到了犯法的边缘。新加坡的交通规则就是国民必须遵守的法律，过马路必须在画好的斑马线上遵照指示灯通过，否则就犯法，一旦犯法后被交警抓住，要先承认犯法，写悔过书，然后照章重重罚款。不过，他们对外国朋友，尺度宽松得多。

新加坡的整洁、干净，的确令人折服。马路上完全看不到杂物、纸屑和乱吐乱扔现象。我们在外奔波，皮鞋四天不擦仍很光亮。我在大街上用手摸了一下路灯柱子，竟摸不到灰尘。后来又摸了一个垃圾箱外壳，仍然一尘不染，原来，新加坡人倒垃圾必须先放在塑料袋子里，然后将装有垃圾的袋子扔到垃圾箱。他们运送垃圾车里都是一袋一袋的，远望过去活像我们大陆满载袋装行李的卡车。

正因为干净、清洁，所以我们对那里的餐饮无可挑剔。中午，我们在统一酒店（四星级）用餐，酒店的一位董事接待了我们。当我们赞扬餐具干净时，这位董事竟敢夸下海口和我们打赌：在他们酒店喝咖啡、饮料或用中西餐，如发现食品里面有脏物特别是小虫之类，顾客（当然包括我们）就要发一笔小财。因为顾客将此事举报或向新闻机构披露，就将受到停业整顿 3—7 天的处罚，这样酒店将损失几十万元。为了免受大的损失，老板碰到此类情况后首先希望"私了"，即给当事客人少则几千、多则几万元的钞票。

圣淘沙，是靠近新加坡城边的一个美丽小岛，也是新加坡主要的游览点。我们乘坐跨海缆车来到这里已是下午 4 点多钟了。新加坡除了这个景点每人收 15 美元（约合人民币 80 元）外，其余公园、植物园均不收门票。当然，这里的门票包括了往返一公里宽海峡的缆车费和轮船费。在圣淘沙，先参观蜡像馆。这座两层楼房的建筑里，用部分实物和蜡像并配之音乐、灯光、照片，展现了新加坡的历史。电影厅不停地用中文、英文、日文反复播放着第二次世界大战时日本轰炸新加坡的实况录像。这使我想到"忘记过去，就意味着背叛"的名言。相比之下，近年来我们在这方面的教育，就显得有些差了。出蜡像馆，我们来到海族馆，这是仿海底世界的新奇建筑群，它向人们展示了海底的秘密。

出海族馆，夜幕降临，整个圣淘沙被各色灯光装点得流光溢彩。单轨电车的车身部是霓虹灯。音乐喷泉也开始了。喷泉池足有两个篮球场大，里面布满数百个喷头，观众席可坐3000多人。喷泉池上方有3米高的陡坡形成宽约60米的瀑布。随着音乐声，计算机控制喷泉的高度和喷头的数量，配之彩色灯光，几疑自己置身于梦幻世界。圣淘沙这不足两平方公里的景点，竟有如此丰富的人工景观使游人如痴如醉并停留一天，吃、娱、购、行，每人平均花上200元人民币。我想，我们张家界有数百平方公里的天地，难道不更大有可为吗？

11月28日　马来西亚——新山—古晋—诗巫

新加坡与马来西亚接壤，两国生活水平有较大差异。11月28日是星期天，天气晴朗，新加坡中国旅行社的曾副总经理和安娜小姐为我们送行，同时，他们也顺便去马来西亚边境城市——新山采购物品，因为新山的货物比新加坡要便宜得多。我们乘两辆小车出关，海关有20个车道验证，大家竟没有下车，几分钟就过关了。来到马来西亚海关，手续也很简单，工作人员只问了一句："是否带有毒品？"我们这些人与毒品无缘，过关顺利。一出一进，前后只一刻钟。张副局长对我开玩笑说："在这里出进海关比进武陵源的大门还要方便。"我想起旺季许多游客在武陵源进门票站时车辆和游客排队的情形，觉得张副局长的比喻不无恰当。

从新山乘波音飞机到砂劳越省省会古晋，再转乘小飞机到马来西亚东部城市诗巫，飞机安全正点。马来西亚空中小姐身材姣好，眼睛水灵灵的，见我们是中国人，一碰面就微笑，使人觉得舒服。我们同行的袁进茂经理高兴地给空姐连照几张照片。小飞机降落时，机场下大雨，又没有栈桥，我们做好了奔跑的准备，没想到刚走下飞机舷梯，机场地勤人员就给每位旅客撑开了雨伞，服务可真周到，而且这种服务是不收费的，我们心里顿时热乎乎的。

机场口，诗巫市砂中旅游贸易公司的陈总经理已在此等候多时。他了解到我们是第一批赴东马来西亚访问这个城市的客人，特地请来了当地

《诗华日报》和《新华晚报》两份华文报社的记者一同迎接，并拍下了我们在机场出口处的镜头（第二天，这两份报纸就登载了我们到来的新闻和照片）。

陈明辉总经理祖籍福建，他于 1991 年在我国进行旅游考察时曾来湖南并到了武陵源。为了表达对我们的盛情，特地在家里设宴款待我们。我想，人家是私人企业主，家宴也好，在酒店宾馆宴请也好，反正都是个人掏腰包，家宴可能还合算些。

陈总经理的别墅在城市近郊，外观看是一般的两层楼房，与其他人的院落紧靠在一起，形成了一条整齐的小街，进得院门，里面栽种着热带花草、风景树，车棚里停放着一辆面包车，加上接我们来的轿车，共有两辆小车，还有一辆电单车（摩托车）和两辆自行车。上了台阶，主人先脱鞋打开客厅大门，我们也赶紧脱掉鞋子进去。客厅没有地毯，地板干干净净。"圣诞树"已做好摆在一角，另一角放着冰柜和装饰台，里里外外摆满了洋酒和可乐等饮料，从这个角度看，比我们琵琶溪宾馆的小酒吧毫不逊色。

女主人——陈太太从厨房出来热情地和我们打招呼。看样子，家里没请佣人，太太在做饭菜。听陈总经理介绍，他家 4 口人，还有一子一女，分别在自己房里学习。全家经济状况包括住房在马来西亚属中等水平。太太是中学教师，月收入 1500 马元，约合人民币 3400 元，陈总是老板，收入当然比太太高得多。住房面积大约 200 平方米，是五年前买的，当时只 10 多万马元，现在要四五十万马元。据说他们市政府的官员住的别墅要比陈先生家大得多。当然，也有相当比例的低收入市民，他们住的是"组屋"，即我们常称的宿舍楼。

我们在客厅稍坐片刻，陈先生就上楼去叫儿子、女儿用餐，我们也借机会上楼参观，其大人、小孩卧室的摆设大体上与深圳、珠海乃至长沙一些高档家庭差不多，所不同的是：每间卧室都带有卫生间，大人、小孩房间都有电视机，大人房间另配放像机。小孩在读中学，书桌上摆的小型计算机一套设备，价值约 3 万元人民币。我们上楼时，16 岁的陈公子正聚精会神地操作计算机，当张副局长提出想发传真到吉隆坡时，陈公子欣然应允。两分钟不到，就干净利索地帮我们办妥了此事。

陈先生全家都会华语，而且普通话讲得不错，所以在席间毫无拘束，真正是宾至如归。餐桌上，以海鲜为特色，其余淡水鱼或牛羊猪肉，大多是市场上买来的成品或半成品。洋酒用的"马爹利"。马来西亚人喜欢在洋酒中加冰块，既可解渴，又可以降低酒的浓度，大家开怀畅饮，5 人喝了近两瓶，事后都说超水平发挥。陈公子不喝洋酒，但嗜好啤酒，一人喝了好几罐。我断定，这小子将来酒量一定不错。

我们用完餐后在客厅与他们全家合影留念。只有他家庭的一个"景观"没有向我们介绍，那就是立在客厅上方——餐厅正中的菩萨灵位。马来人、新加坡人包括东南亚大部分华人，都有在家烧香拜菩萨的习惯。据说以前马来人下海捕捞去了，家人都要如此祈祷。

12 月 6 日，吉隆坡—云顶高原—赌城探秘

我们离开诗巫以后，又先后考察访问吉隆坡和槟城、怡保等城市。马来西亚这个 1700 万人口的国家，我们纵横跑了一遍。大家都觉得在马来西亚，最热闹、最喧哗、人群密度最大的地方不是车站、码头、商场，而是举世闻名的赌城——云顶高原娱乐城。

12 月 6 日是礼拜日。一大早，吉隆坡丰元旅游贸易公司的董事主席蔡伍先生驾奔驰 300 豪华轿车载我们去云顶高原。蔡先生曾率旅游考察团专程到湖南进行过访问，省海外旅游公司的吴总经理曾全程陪同考察，并在武陵源留下了难忘的回忆。这次，他特地亲自陪着看赌城，我们自然高兴。

云顶高原离吉隆坡 70 公里，是马来西亚最高的山地，海拔约 2000 米，过去人迹罕至，只有野兽出没。自从十几年前一位胆大敢试的老板经政府批准设立赌场以后，这里面貌彻底改观。马来西亚法律规定：全国只准此地设赌，其他地方不准赌博。蔡先生介绍，赌场平均每天交给国家和当地政府的财政收入有 200 万马元，一年则有 7 亿多马元。没上山看的人谁都不会相信，看过后谁都认为这个还是保守的数字。

汽车在高速公路疾驶了 50 公里，开始上山，公路时而四车道，时而三车道，即上坡二车道便于超车，下车一车道，限制超车。车外除了茂密的雨林外，很难见到人烟。快到云顶上，云雾缭绕，一座座高楼林立，

那是赌客们下榻之地。汽车在一座娱乐中心即赌场大厦旁边的停车场放好后，我们在蔡先生的向导下，跟着如潮的人流进了大堂。屋外海拔 2000 多米，雾气蒸腾，异常潮湿，屋内是全封闭中央空调，不见潮湿。大堂里，大人、小孩来往穿行，有的忙着照相，有的看赌城各点分布图。

我们乘电梯下了一层，走出一看，数 10 台电子游戏机已基本上被小孩占领，家长坐在旁边陪这些小贵族玩耍。电子游戏机按时计费，小孩边玩边嚷，声音嘈杂。我们走出儿童娱乐场，来到一处过道前，蔡先生提醒：快进入赌场了，注意衣冠整齐。只见过道口上有 4 个带枪警察，注视着每一个走进过道的人。大家都理解，进赌场的人大多腰包满满的，必须有良好的公共秩序才有安全感。

我们走出过道，来到第一个大厅，只见一台台"老虎机"屏幕闪烁。我数了一下，这个大厅的老虎机排列整齐，有上百台之多。玩老虎机要先兑换硬币，每投进 0.2 马元硬币后按一下电钮，如果运气好，机器下方就掉下若干个硬币，但大多泥牛入海。因为老虎机里编好了程序，金钱是向老板的手心倾斜的。这个大厅玩赌的大多是退休人员，三三两两的婆婆不少。这些人都钱不多，玩老虎机只是消磨时光。我们到两位老太太玩的老虎机前，帮她们按电钮，问她们是否运气好。她们说：一个小时，每人输了 100 多马元。

从老虎机大厅往右拐进一个类似高档会议室的大厅，一看就知道这是赌大钱的地方。座位上的赌客神情紧张、严肃，讲台前坐着四五位工作人员。一位身穿马褂的男士一按电钮，背后屏幕上数字快速跳跃，突然停机，屏幕上留下 3 个数字，台下赌客事先买好了筹码，每张筹码 500 元，如猜中则赢，否则就输。我们看了十来分钟，没有几个猜中的。

再往里走到一个厅堂，看起来有我国人民大会堂的宴会厅那样大，聚集者最多。这里有几百台赌扑克牌的桌子、赌骰子的平台，还有大型圆盘赌具。每一张桌子周围都站满了人，其中许多人买了大额筹码，一般 500 元筹码，两三分钟，一两千元就输得精光。当然，这里看热闹的人不少，少数运气好、懂窍门的也有赢的机会，但毕竟比输的概率要小得多。

我们在所有厅堂转了一圈。赌台上，映入眼帘的大多是工作人员在大把大把数钞票，数完后装进特制的存钞箱。这里就像一个印钞的工厂。陪同我们的蔡先生也直摇头，这太可怕了！并说，他的职员如果在此赌博，将会被马上辞退。在我们中国，这种大赌场是开不得的。

12月7日，马六甲海峡—张家界—长江三峡

自己还只十几岁的时候，就知道有一个沟通太平洋和印度洋的马六甲海峡。这次在离开马来西亚的前一天，我们参观了这个地方。

陪同我们的是吉隆坡大通旅行社的总经理吴石松先生，他同我们考察团的吴石关总经理只一字之差，彼此以兄弟相称，异常亲热。

马六甲是马来西亚的一个州，离吉隆坡170公里，当然有高速公路连通。我们来到这里一看，并不像我想象中的如海滨城市那样漂亮，她的突出特点是华人后裔多，因郑和下西洋留下的古迹很出名，郑和字三保，所以这里有三保山、三保殿、三保井。站在海岸边，我们领略到这条国际黄金水道的战略位置。而吴石松总经理背靠大海与我们交谈，总是把话题引向中国的长江三峡。

原来，大通旅行社每年组织大批客人到中国旅游。马来西亚人看好长江三峡，他们认为三峡工程建设后将看不到三峡风光了。可是，很多游长江三峡的客人乘兴而至，扫兴而归。原因一是经常轮船误点后夜晚过三峡；二是到宜昌后没有配套景点。这次吴先生与我们洽谈时得知张家界离宜昌只300多公里，而且有直达火车连通时，非常高兴，表示立即组团开辟三峡—张家界游路。这样，即使游客没看好三峡，也可以到武陵源补偿。我们大庸目前的知名度还不如三峡，也要上门攀亲，借三峡船出山下海，走向马六甲海峡。

千岩万壑不辞劳，远看方知出处高。

溪涧岂能留得住，终归大海作波涛。

——唐·李忱瀑布联句　戊戌盛夏书

千巖萬壑不辭勞遠看方知出處高溪澗豈能留得住終歸大海作波濤

錄唐·李忱瀑布詩 戊戌盛夏 楊興保書